COMO DESENVOLVER SUA MENTALIDADE FINANCEIRA

DINHEIRO *inteligente*

EDITORA
CHAVE MESTRA®

EDITORA
CHAVE MESTRA®

Av. Marcos Penteado de Ulhoa Rodrigues, 1119 – Tamboré, Alphaville - SP,
Ed. Office Shopping Tamboré – Andar 21 – Sala Chave Mestra
CEP: 06460-040
@editorachavemestra
editora@editorachavemestra.com.br
Acesse: www.editorachavemestra.com.br

Título original em português:
Dinheiro inteligente: como desenvolver sua mentalidade financeira

Direção editorial: Raquel Medeiros
Coordenadora editorial: Bartira Costa Neves
Assistente editorial: Eloiza Andrade e Amanda Oliveira
Revisão: Lais Alcantara
Diagramação: Weslei Eugênio
Branding de capa: Izzo Medeiros
Projeto gráfico: Weslei Eugênio

O conteúdo desta obra é de total responsabilidade dos autores e não reflete necessariamente a opinião da editora.

Dados Internacionais de Catalogação na Publicação (CIP)

Vale, Rogério (Organizador)
V149 Dinheiro inteligente: como desenvolver sua mentalidade financeira/ Rogério Vale (Org) – Barueri, SP: Chave Mestra Editora, 2024.
248 p. : 16 x 23 cm

ISBN 978-65-84979-98-7

1. Negócios. 2. Finanças. 3. Desenvolvimento pessoal. 4. Riqueza. 5. Sucesso nos negócios. 6. Finanças pessoais. I. Título.

CDD 158.1

DINHEIRO
inteligente

SUMÁRIO

APRESENTAÇÃO

Bem-vindo ao *Dinheiro inteligente: como desenvolver sua mentalidade financeira.* Este livro é resultado da união de 29 autores, cada qual trazendo sua experiência e seu conhecimento, para oferecer a você, leitor, um guia prático e abrangente sobre como lidar com suas finanças.

A proposta aqui é clara: queremos ajudá-lo a desenvolver uma mentalidade financeira sólida e eficaz. Não se trata apenas de acumular dinheiro, mas, sim, de potencializar sua mentalidade nesse assunto e trazer clareza sobre como você vai conseguir gerenciar suas finanças de forma inteligente, para que possa alcançar seus objetivos e viver uma vida mais plena e livre de preocupações financeiras.

No entanto, é importante ressaltar que este livro não oferece soluções rápidas ou milagrosas para seus problemas financeiros. Desenvolver uma mentalidade financeira saudável requer tempo, esforço e comprometimento. Porém, ao aplicar os princípios aqui apresentados e cultivar hábitos financeiros positivos, você estará no caminho certo para alcançar a prosperidade financeira.

Portanto, convido você a entrar nestas páginas com a mente aberta e disposição para aprender e crescer. Aplique o conteúdo desta leitura como um recurso valioso que pode ajudá-lo a construir um futuro financeiro mais sólido e seguro.

Desejo a você uma excelente jornada rumo à maestria financeira e espero que esta obra seja uma fonte constante de inspiração e orientação ao longo do seu caminho.

Boa leitura!

Rogério Vale

CEO da Editora Chave Mestra e do Instituto de Desenvolvimento Comportamental Brasil e Portugal

DINHEIRO *inteligente*

Alon Hans

Sou Alon Hans, natural de Manaus (AM), onde resido com a minha amada família: minha esposa, Nismaile Bindá, com quem sou casado há quatro anos (estamos juntos há quase dez anos), e meu filho de coração, Danilo Ruy.

Sou consultor e educador financeiro há mais de 14 anos e CEO da Planner Consultoria e Treinamentos. Com centenas de clientes atendidos em todo o Brasil, trabalho por meio de mentorias, consultorias, palestras e cursos presenciais. Faço atendimentos individuais, de casais e empresas, mudando o comportamento e a mentalidade das pessoas em relação ao dinheiro, às dívidas e aos investimentos.

Minha história com as finanças começou quando deixei de ser um devedor e passei a estudar sobre o assunto. Com isso, surgiu uma paixão pelas finanças e por ajudar o maior número de pessoas possível com a educação financeira.

alonhansfinanceiro

+55 (92) 98242-3695

Alon Hans

alonhans@gmail.com

DINHEIRO *inteligente*

01 MENTALIDADE FINANCEIRA E BEM-ESTAR FINANCEIRO

Por Alon Hans

Vivemos em uma era de constantes desafios e oportunidades no mundo financeiro, e a forma como abordamos nossas finanças desempenha um papel crucial em nossa jornada para a segurança financeira e o bem-estar. Como consultor financeiro com anos de experiência, tenho testemunhado inúmeras histórias de sucesso e desafios, e uma constante que se destaca é a importância da mentalidade financeira na construção de um futuro sólido.

A mentalidade financeira refere-se à maneira como encaramos, compreendemos e gerenciamos nosso dinheiro. É mais do que apenas a capacidade de fazer cálculos orçamentários ou investir sabiamente; trata-se de uma abordagem holística que envolve hábitos, atitudes e a compreensão de que as escolhas financeiras têm impactos a longo prazo.

Ao longo dos anos, estudos têm demonstrado que a mentalidade financeira desempenha um papel significativo no sucesso financeiro das pessoas. Indivíduos com uma mentalidade positiva em relação ao dinheiro tendem a tomar decisões mais informadas, estabelecer metas financeiras realistas e perseverar diante de desafios econômicos.

Pessoas com uma mentalidade financeira sólida são mais propensas a tomar decisões informadas sobre seus gastos, investimentos e planejamento financeiro. Elas consideram as consequências a longo prazo de suas escolhas e priorizam metas financeiras de maneira estratégica.

Uma característica fundamental da mentalidade financeira positiva é a resiliência. Indivíduos que entendem que enfrentarão desafios financeiros ao longo da vida estão mais preparados para superar obstáculos, ajustar estratégias e continuar progredindo em direção às suas metas. Uma prática comum dentre aqueles com uma mentalidade financeira saudável é a definição de metas financeiras claras. Essas metas servem como faróis orientadores, proporcionando direção e motivação para poupar, investir e construir riqueza ao longo do tempo.

Outro ponto relevante é que uma mentalidade financeira bem desenvolvida promove o entendimento sobre a importância do investimento a longo prazo. Em vez de buscar soluções rápidas, indivíduos com tal mentalidade estão mais inclinados a cultivar patrimônio ao longo do tempo, colhendo os benefícios dos juros compostos e da paciência. Talvez o benefício mais significativo seja o aumento do bem-estar financeiro geral. Uma mentalidade saudável em relação ao dinheiro contribui para a redução do estresse financeiro, melhorando a qualidade de vida e permitindo que as pessoas alcancem seus objetivos pessoais e familiares com mais confiança.

A ausência de uma mentalidade orientada para a prevenção pode levar à falta de uma reserva de emergência. A imprevisibilidade da vida traz desafios inesperados, como despesas médicas, reparos urgentes ou perda de emprego. Aqueles que não adotam uma mentalidade financeira preventiva se encontram em uma posição vulnerável, ficam incapazes de enfrentar esses imprevistos sem comprometer seu equilíbrio financeiro. Outro aspecto relevante nesse contexto é a inércia financeira; muitas vezes, resultante da falta de uma mentalidade proativa em relação ao dinheiro, ela leva à estagnação financeira. Indivíduos podem se encontrar presos em empregos insatisfatórios, incapazes de investir em seu desenvolvimento profissional ou explorar oportunidades que poderiam impulsionar sua renda. A falta de planejamento e a hesitação em buscar melhorias financeiras podem levar a uma estagnação prolongada.

É importante salientar, também, o estresse financeiro, que é uma consequência direta da falta de controle das finanças. Preocupações constantes com contas a pagar, dívidas acumuladas e a incerteza em relação ao futuro financeiro exercem uma pressão significativa sobre o bem-estar emocional e físico. E a ausência de uma mentalidade orientada para o futuro é evidente na falta de planejamento para a aposentadoria, dentre outros objetivos de longo prazo. Muitas pessoas adiam decisões importantes de investimento e economia, ignorando o poder dos juros compostos e comprometendo a segurança financeira na fase posterior da vida. Tal falta de controle financeiro pode estender seus tentáculos para além das questões puramente monetárias. Relacionamentos pessoais, muitas vezes, sofrem com as disputas envolvendo dinheiro, diferenças de prioridades financeiras e estresse contínuo, o que pode gerar conflitos desnecessários, que afetam a harmonia familiar e as amizades.

Um dos resultados imediatos da falta de mentalidade financeira é a dificuldade em cumprir compromissos financeiros. Pagamentos de contas, empréstimos e despesas diárias tornam-se uma corda bamba em que o desequilíbrio financeiro ameaça a estabilidade do orçamento. A falta de planejamento e controle causa atrasos, penalidades e, em última instância, uma espiral de dívidas. Com isso, tanto a saúde mental quanto a física sofrem uma carga considerável quando a mente está constantemente preocupada com questões financeiras. A ansiedade em relação ao dinheiro cria um estresse persistente, que contribui para problemas de saúde mental, como depressão e insônia, afetando negativamente a saúde física. O ciclo de preocupações financeiras contínuas torna-se um fardo difícil de suportar.

A falta dessa mentalidade impõe restrições notáveis nas escolhas de vida. Oportunidades educacionais, viagens, empreendimentos pessoais e investimentos no desenvolvimento pessoal são frequentemente sacrificados devido à falta de recursos. A ausência de planejamento financeiro limita as opções disponíveis, resultando em uma vida menos rica e satisfatória.

Cultivando uma mentalidade financeira saudável

O primeiro passo crucial na construção de uma mentalidade financeira saudável é a educação. Compreender os conceitos básicos de finanças pessoais, como orçamento, poupança, investimento e gestão de dívidas, é fundamental. Iniciativas educacionais, *workshops* e recursos on-line podem ser ferramentas poderosas para fornecer o conhecimento necessário. Ao empoderar as pessoas com informações financeiras, podemos capacitá-las a tomar decisões informadas e responsáveis.

O estabelecimento de metas financeiras claras é um dos alicerces para desenvolver uma mentalidade positiva. Definindo objetivos específicos, mensuráveis, alcançáveis, relevantes e com prazo determinado (SMART), as pessoas criam um roteiro para o sucesso financeiro. Isso pode incluir metas de economia, investimentos, redução de dívidas e construção de uma reserva de emergência. Metas bem definidas fornecem direção e motivação, transformando a visão financeira em realidade tangível.

Uma ferramenta fundamental para a manutenção do controle sobre as finanças pessoais é um orçamento. Criar e seguir um orçamento consciente permite que as pessoas monitorem seus gastos, identifiquem áreas de economia e aloquem recursos de maneira estratégica para atingir suas metas. A conscientização sobre os padrões de gastos é essencial para evitar o endividamento desnecessário e garantir que o dinheiro seja direcionado ao que realmente importa. A poupança sistemática é a chave para construir uma reserva de emergência robusta. Ao reservar regularmente uma parte do seu salário, as pessoas criam uma rede de segurança que as protege contra imprevistos. A regra de ouro é guardar, pelo menos, de três a seis meses de despesas para garantir tranquilidade em tempos difíceis.

Investir conscientemente é um passo crucial para cultivar riqueza a longo prazo. Compreendendo diferentes opções de investimento, como ações, títulos e fundos mútuos, as pessoas podem adequar seus investimentos aos seus objetivos financeiros. A diversificação da carteira é uma estratégia eficaz para mitigar riscos. O entendimento de que o tempo é um aliado valioso no mundo dos investimentos incentiva as pessoas a começarem cedo e colherem os benefícios do crescimento composto. A gestão responsável de dívidas é uma peça-chave na construção de uma mentalidade saudável, porque, ao entender os diferentes tipos de dívidas, como empréstimos estudantis, financiamentos e cartões de crédito, as pessoas podem tomar decisões informadas sobre quando e como contrair dívidas.

Despertando o potencial financeiro: uma jornada de inspiração

Entenda que não há vergonha em reconhecer a necessidade de aprendizado. Ninguém nasce com uma mentalidade financeira inabalável; trata-se de uma jornada de crescimento e autodescoberta. Esse é o momento de abraçar a oportunidade de aprender, de se educar sobre os princípios fundamentais das finanças pessoais. Cada conhecimento adquirido é um degrau que leva você mais perto da liberdade financeira. Quando a confusão financeira parecer esmagadora, lembre-se de que as metas são faróis na escuridão. Por isso, defina metas claras e tangíveis. Seja a compra da primeira casa, a quitação de dívidas, a criação de um fundo de emergência ou a realização de um sonho há muito adiado. Essas metas são o impulso que o manterá focado quando os ventos da adversidade soprarem.

Considere o orçamento como sua bússola na jornada financeira. Ele não apenas orienta seus gastos, mas também revela oportunidades e desafios. Ao enfrentar o orçamento de frente, você ganha o controle sobre suas finanças, tomando decisões conscientes que o levarão na direção desejada. Tenha em mente que cada pequeno passo conta. A jornada para uma mentalidade financeira saudável não exige saltos gigantes, mas, sim, uma série consistente de passos em direção ao progresso. Poupar pequenas quantias, liquidar dívidas gradualmente e investir modestamente podem resultar em importantes transformações a longo prazo.

O passado pode ter suas marcas, mas o presente e o futuro estão em suas mãos. Assuma a responsabilidade por suas escolhas financeiras e use cada decisão como uma oportunidade para moldar o enredo da sua vida. Hoje é o ponto de virada. Deixe que este seja o dia em que você decide não apenas enfrentar os desafios financeiros, mas também superá-los com determinação. A transformação começa agora, neste momento. Acredite em seu potencial de alcançar uma mentalidade financeira equilibrada e permita que esta jornada inspire não apenas suas finanças, mas toda a sua vida.

A estrada à frente pode ser desafiadora, mas cada passo que você der é um passo em direção a uma vida mais plena e realizada.

Alon Hans

Amanda Moreno

Eu me chamo Amanda Moreno, moro em Montes Claros (MG), sou casada com o Anderson e mãe da doce Maria Liz. Ao longo de mais de dez anos imersa no universo financeiro, com cerca de duas mil vidas transformadas, trilhei um caminho por grandes instituições, absorvendo desafios e experiências que moldaram a profissional que sou hoje.

Minha paixão por fazer a diferença na vida das pessoas culminou na fundação da AMX Soluções Financeiras, uma empresa multibancos que põe o cliente no centro de tudo o que fazemos. Como consultora e mentora financeira, mergulho nas aspirações individuais de cada cliente, guiando-o para uma vida financeira saudável e equilibrada, além de transformar metas em conquistas. Eu não poderia estar mais empolgada com essa missão. Acredito que a educação financeira transforma vidas; ela transformou a minha e pode transformar a sua também. O conhecimento é o primeiro passo para isso. Vamos lá?

amandaa_morenoo_

+55 (38) 99911-9990

amxsolucoess@gmail.com

DINHEIRO *inteligente*

02 DESENVOLVENDO UM PLANO DE SUCESSO FINANCEIRO A LONGO PRAZO

Por Amanda Moreno

Na tranquila cidade de Campo Verde, no final da década de 1970, duas amigas, Maria Alice e Margarida, enfrentavam os desafios da vida adulta. Com empregos modestos, elas compartilhavam não só uma amizade duradoura, mas também uma visão muito diferente em relação ao dinheiro.

Hoje com 65 anos, Maria Alice foi meticulosa em suas finanças desde o dia em que ingressou no mercado de trabalho. Ela tinha um plano claro para o futuro, mesmo quando ele parecia bem distante. A história de Maria Alice é a narrativa de como escolhas inteligentes e ensinamentos relacionados ao dinheiro podem transformar o futuro em um período de tranquilidade e satisfação.

Maria Alice administrava sua renda com sabedoria, mantendo uma gestão eficiente e o controle de suas receitas e despesas, poupando todos os meses, com foco em construção de patrimônio e diversificando aplicações financeiras. Margarida, por outro lado, nunca dedicou tempo para pensar em um plano financeiro. Aos 67 anos, ela vive uma situação muito delicada, dependendo da ajuda de familiares para se sustentar. Sua história evidencia os desafios enfrentados por aqueles que não entendem a importância de um planejamento financeiro sólido.

O problema fundamental de não realizar um plano financeiro a longo prazo é a falta de preparação para o futuro, que pode gerar sérias consequências financeiras e pessoais. No caso de Margarida, que negligenciou a importância desse plano, as consequências são evidentes e impactantes. Hoje, ela se encontra em situação de dependência financeira. Sem uma reserva financeira substancial ou fontes de renda seguras, se vê obrigada a depender da ajuda de parentes e de uma aposentadoria insuficiente para atender às suas necessidades básicas. Margarida vive sob estresse constante devido às preocupações com despesas diárias. A falta de recursos e a incerteza sobre o futuro contribuem para um ambiente emocionalmente desafiador. Ela se vê impedida de realizar sonhos, *hobbies* ou, mesmo, de desfrutar de uma vida mais plena devido à escassez financeira. Tudo isso impacta diretamente suas relações familiares, pois a pressão sobre entes queridos para fornecer apoio financeiro pode criar tensões e afetar os relacionamentos.

Os problemas enfrentados por Margarida destacam a importância crucial de tomar decisões financeiras conscientes durante a vida. A ausência de um plano financeiro a longo prazo não só compromete a segurança financeira individual, como tem ramificações significativas para o bem-estar emocional e as relações interpessoais. Esse exemplo serve como um lembrete valioso de que a previsão e a disciplina financeiras são essenciais para garantir uma vida estável e satisfatória no futuro.

O relato impactante da vida de Margarida, que também é extremamente comum a milhares de brasileiros, nos leva a uma reflexão profunda sobre a importância vital de termos um planejamento financeiro sólido e bem estruturado. Desenvolver um plano de sucesso financeiro a longo prazo é mais do que uma estratégia, é um compromisso contínuo consigo mesmo para assegurar uma vida estável, segura e realizada no futuro. Olhar para seu futuro o tranquiliza ou apavora? Comece hoje a plantar sua tranquilidade a longo prazo.

Maria Alice e Margarida nos lembram de como as decisões financeiras tecidas ao longo da vida moldam expressivamente o nosso destino no porvir. A partir dessa reflexão, desvendaremos os elementos essenciais para elaborar um plano de sucesso financeiro a longo prazo – uma jornada que pode levar não apenas a uma vida confortável no presente, mas, também, a um futuro tranquilo e realizado. Para tal, vou lhe contar a forma como Maria Alice estruturou seu presente, pensando, sobretudo, em seu futuro.

Desde cedo, Maria Alice enfrentou desafios que moldaram sua jornada rumo ao sucesso financeiro a longo prazo. Ela perdeu seu pai, vítima de um infarto fulminante, na época em que comemorava o nascimento da sua primeira filha, Aurora. Embora não tivesse mais a presença forte do patriarca, ela sempre contou com as orientações sábias de sua mãe, uma mulher de pouca instrução, mas com uma visão clara sobre a importância do conhecimento e da educação financeira.

A influência mais marcante, no entanto, veio de sua madrinha, cujo nome parecia predestinar riqueza. Madrinha Odette, uma fazendeira obstinada, com sua sabedoria acumulada ao longo dos anos, orientou a afilhada sobre as nuances do mundo financeiro, transmitindo-lhe lições valiosas sobre a construção de riqueza e a importância de um plano financeiro sólido, enquanto fazia as contas de quantos queijos produziria e a qual preço os venderia. Maria Alice, com muita atenção, a ouviu durante longos períodos.

Desde seu primeiro emprego, Maria Alice adotou uma abordagem única em relação ao dinheiro. Assim que recebeu seu primeiro salário, foi tomada por uma alegria tão empolgante que tirou as notas de dinheiro do envelope e as jogou para o alto, reconhecendo ali não apenas uma conquista pessoal, mas o poder transformador do dinheiro em suas mãos.

Ela caiu no choro: um choro de alegria e satisfação; em seguida, refletiu a respeito de como faria para gerir todo aquele recurso. À época, equivalia a pouco mais de um salário, mas, para Maria Alice, parecia uma fortuna. Logo se lembrou dos ensinamentos de sua madrinha e da forma simples como ela a orientou ao longo dos anos.

O desenvolvimento de seu plano financeiro foi uma jornada gradual, guiada por princípios fundamentais: conhecimento, disciplina, diversificação, resiliência e persistência. Tais princípios perduram até os dias atuais. Com base nesses preceitos, moldaremos os passos para tornar suas finanças uma aliada hoje e na elaboração do seu sucesso a longo prazo.

Maria Alice, inspirada pelos sábios ensinamentos de sua madrinha Odette, construiu um plano financeiro sólido que foi produzido vendo e ouvindo a forma com sua madrinha lidava com sua fazenda.

Vou explorar cada elemento desse plano como se fossem cultivos valiosos, crescendo e prosperando ao longo do tempo. O primeiro passo para a elaboração desse plano financeiro de sucesso a longo prazo é fazer um orçamento financeiro, analisando sua real situação. Assim como em uma plantação, é necessário avaliar a condição do solo, a quantidade de sementes, água, insumos e o clima. Para um orçamento financeiro saudável, é importante designar porções especificas da sua "terra" para despesas (fixas e variáveis) e investimentos, assegurando que cada centavo será cultivado com propósito. Entender sua realidade atual e dividir seus ganhos de modo a não gastar mais do que se ganha, separando parte das receitas para reserva e realização dos sonhos, formam o começo de um plano eficiente.

Crie seu "reservatório de água financeira". Assim como uma fazenda precisa de água para prosperar, Maria Alice criou um fundo de reserva robusto. Esse reservatório financeiro funcionou como uma fonte segura para enfrentar tempestades inesperadas e manter a estabilidade durante períodos de seca financeira.

Diversifique seus investimentos. Não coloque todos os ovos em uma única cesta. Caso a cesta rasgue, você poderá perder anos de cultivo. Considere investir em diferentes classes de ativos para reduzir riscos. Isso pode incluir ações, títulos e imóveis, para proporcionar uma carteira diversificada, respeitando principalmente o seu perfil de investidor.

Estabeleça metas claras e foque no objetivo. Utilize o critério SMART, traçando metas especificas, mensuráveis, alcançáveis, relevantes e com prazo definido. Isso proporciona clareza sobre aonde deseja chegar. Para a madrinha de Maria Alice, que denominava tal estratégia como "Plantio de cultivo específico", essa é uma das mais importantes estratégias para se ter sucesso financeiro a longo prazo.

Controle seu endividamento através do "Plantio consciente": Maria Alice evitou o crescimento descontrolado de "ervas daninhas" financeiras mantendo seu endividamento sob controle. Ela usou o crédito com sabedoria, sempre fazendo a leitura dos impactos de suas estratégias no ecossistema de suas finanças.

Por meio do "Cultivo de propriedades", Maria Alice diversificou suas fontes de renda, investindo em "terras férteis" que gerariam renda passiva ao longo dos anos. A compra de imóveis foi como plantar árvores resistentes, fornecendo tranquilidade e aposentadoria imobiliária futura. Ela não só usou o crédito com sabedoria, como também aproveitou para adquirir seus imóveis por meio de financiamentos e consórcios, com estratégias de compra inteligentes e lugares que se valorizam com o passar dos anos.

Assim como sua mãe a conduziu pela sua vivência ao longo da vida, sua madrinha Odette orientava Maria Alice a cultivar a "Árvore do conhecimento", fazendo com que ela buscasse constantemente informações sobre assuntos relacionados a práticas financeiras, para garantir que suas finanças fossem sempre adaptáveis e resistentes às mudanças econômicas.

Analise periodicamente o "Ciclo da colheita". Maria Alice estabeleceu um ciclo de revisão financeira periódica, assemelhando-se à época de colheita. Regularmente, ela estudava suas finanças, avaliando a saúde de cada "cultivo" e fazendo ajustes para garantir uma colheita abundante. Impulsionada pelo entendimento do poder do dinheiro, ela construiu não apenas um plano financeiro, mas também um legado de prosperidade. Seu sucesso é uma demonstração vívida de como escolhas conscientes, disciplina e resiliência podem transformar não apenas a vida presente, mas também garantir um futuro seguro e confortável. Maria Alice personifica a ideia de que, com sabedoria financeira, é possível não apenas viver bem o hoje, mas também colher os frutos de escolhas inteligentes ao longo do tempo.

“Olhar para seu futuro o tranquiliza ou apavora? Comece hoje a plantar sua tranquilidade a longo prazo.”

Amanda Moreno

Ana Paula Madeira

Sou filha do Clóvis e da Jô, ele contador, ela psicóloga (é interessante citar suas profissões, pois, hoje, carrego um pouco dos dois, que sempre apoiaram, em meu trabalho). Sou esposa do Rodrigo Macedo, meu maior incentivador, com quem tenho dois filhos maravilhosos: Fernando e Pedro.

Estudei Ciências Contábeis na USP, me pós-graduei em Finanças Corporativas na FIA/USP e em Planejamento Financeiro e Finanças Comportamentais na PUC. Sou planejadora financeira com enfoque comportamental. Atuo na área financeira há 23 anos.

Trabalho com o que amo e faz sentido para mim, mas percorri um longo caminho. Tomei decisões difíceis, caí e continuei. Entender que ajudar e impactar positivamente a vida das pessoas era meu propósito levou um tempo. Combiná-lo com meu conhecimento e minha experiência foi a fórmula que deu certo.

ana.paulamadeira

Ana Paula Madeira

DINHEIRO *inteligente*

03 AUTOCUIDADO FINANCEIRO: OS IMPACTOS DAS FINANÇAS NA SAÚDE

Por Ana Paula Madeira

Comecei minha carreira numa grande empresa de auditoria; em seguida, trabalhei alguns anos num dos maiores bancos do Brasil. Os desafios de trabalhar num grande banco, longe de casa e cuidando dos meus filhos foram enormes. Querer dar conta de tudo me levou à exaustão: perdi parte da audição e tive crise de artrite com 34 anos de idade (nunca esqueço a reação do reumatologista quando me viu em seu consultório: "O que você está fazendo aqui?", disse ele, acostumado com pacientes idosos).

Mudei. Foi preciso coragem. Tive muito medo (que, aliás, está ao meu lado até hoje; temos que tê-lo como companhia, e não como impeditivo). Virei autônoma e atuei como perita judicial financeira por cinco anos. Porém, trabalhar sozinha não me agradava, gosto de gente. Assim, na pandemia, eu e meu marido abrimos uma empresa de terceirização de serviços financeiros. Foi um grande passo. Percebi o quanto lidar com pessoas era importante para mim. E estar perto delas me fez conversar mais, entender seus problemas e me sentir intrigada por observar más decisões financeiras. Isso abriu meus olhos para a relação do dinheiro com as emoções. Eu escutava reclamações de falta de dinheiro e dívidas, mas o que mais me chamou atenção foi ver pessoas estressadas, nervosas, sem dormir, tristes, com dores no estômago e até em depressão. A origem de tudo: problemas com dinheiro.

A Organização Mundial da Saúde define saúde como "um estado completo de bem-estar físico, mental e social, e não simplesmente a ausência de doença". Se problemas financeiros causam ansiedade, depressão, preocupação e alterações de sono, dentre outros sintomas, ficam claros seus impactos direto na nossa saúde mental. Se enfermidades como gastrites, úlceras e urticária podem acontecer também por conta desses problemas, vê-se a saúde física afetada. Por fim, se as preocupações e o estresse originados por essas questões geram irritabilidade, mau-humor, falta de paciência e nervosismo, verifica-se também o prejuízo nos relacionamentos, lesando o bem-estar social.

Portanto, **cuidar das finanças é questão de saúde, e isso precisa ser cada vez mais conhecido e divulgado**. Esse é o motivo de eu gostar muito do termo "autocuidado financeiro". E esse cuidar não significa caminhar rumo a fórmulas de sucesso como enriquecer, viver de renda ou ser milionário (cada pessoa tem seus objetivos, valores e cultura. Presumir que todos devem chegar a um mesmo lugar é ignorar suas individualidades). Já tive clientes com renda inferior a dois salários-mínimos, mas que eram organizados e tranquilos. E tive aqueles que recebem o equivalente a um carro popular por mês, porém têm problemas de saúde por conta de dívidas e falta de controle financeiro. Assim, não importa a renda gerada, mas como ela é gasta. Muitas vezes, o aumento na renda não resolve o problema se o olhar para o direcionamento dos recursos não for ativado.

Praticar o autocuidado financeiro significa ter suas finanças sob controle, utilizar os recursos financeiros como meios para a realização de sonhos e projetos pessoais, entender a relação da pessoa com o dinheiro e os impactos financeiros do comportamento humano.

Tudo isso fez com que eu me especializasse em comportamento financeiro: percebi que as pessoas tinham problemas com finanças, mas não bastava ensiná-las uma fórmula ou entregar-lhes uma planilha. Era preciso entender quais motivos as levavam a não tomar as decisões mais adequadas. Comecei, então, a ajudar as pessoas a desenharem seus planejamentos financeiros pessoais, olhando para seus comportamentos e mostrando-lhes como fazer melhores escolhas, a fim de atingir seus objetivos e sonhos. E foi assim que minha missão passou a ser ajudar meus clientes a deitar suas cabeças nos travesseiros e dormir tranquilos, sem assombrações financeiras. Mas como? Com sessões de consultoria para desenvolvimento do planejamento financeiro personalizado, levando em conta aspectos comportamentais.

O primeiro passo é entender a história do cliente e sua relação com o dinheiro. Desenvolver um planejamento financeiro não está relacionado a números, mas a pessoas! Não existe "tamanho único", já que somos seres singulares. Temos histórias e hábitos que não podem ser simplificados numa planilha-padrão (aliás, e se a pessoa não gosta de planilhas? Cria-se outro meio, é possível). É importante investigar se a pessoa tem alguma crença forte, algum hábito de família já criado ou fator social que a influencie. Esses são só exemplos de assuntos sobre os quais converso bastante no início do atendimento. Essa etapa gera reflexão e autoconhecimento e, por fim, o entendimento de muitas atitudes financeiras da pessoa.

Num segundo momento, mostro ao cliente como nosso cérebro funciona nos processos de tomada de decisões. Em muitos casos (excluindo pessoas em situação de vulnerabilidade ou escassez financeira, cujos recursos são destinados basicamente para sua sobrevivência), o sofrimento financeiro acontece por decisões inadequadas. Isso ocorre porque nosso cérebro não é 100% racional. Ele age racionalmente muito pouco (entre 5% e 15%)! A maior parte de nossas ações são tomadas de forma emocional e/ou automática. Daniel Kahneman, ganhador do Prêmio Nobel de Economia, explica esse processo e toda sua base empírica no livro *Rápido e devagar: duas formas de pensar*. A maioria das decisões que tomamos são automáticas, porque já foram repetidas vezes executadas e nosso cérebro aprendeu esse comando (como andar e escovar os dentes), ou emocionais (originadas de algum sentimento, como cansaço, tristeza e felicidade). O cérebro age dessa forma para poupar energia. Assim, é preciso ensinar bons comportamentos a esse órgão, inclusive financeiros, para ajudá-lo a tomar decisões automáticas de forma mais assertiva.

Após essas conversas iniciais, ainda não entro em números. Mas muita coisa já fica clara. De que modo iniciar um planejamento sem entender a maneira como a pessoa funciona? Criando, durante o processo, mecanismos para ajudar os clientes a evitar suas más decisões é fundamental. Caso contrário, é provável que o planejamento não lhes seja útil.

Em seguida, vem uma parte que faz meus olhos brilharem: entender quais são os projetos e sonhos do cliente. Percebi, infelizmente, que muitos não os tinham, pois acreditavam que isso não lhes cabia. Estavam tão envolvidos em suas complicações financeiras, desiludidos e prejudicados em sua saúde física, mental e/ou social, que não se permitiam sonhar, muito menos metrificar seus sonhos. Mas é preciso saber aonde se quer chegar. Como é possível traçar uma rota do ponto A ao ponto B sem conhecer o ponto B? Eu me lembro de uma cliente me dizer, numa sessão: "O mais legal desse processo é ver que eu posso sonhar e me planejar para conseguir realizar meus sonhos".

Terminado esse momento, é hora de analisar onde a pessoa está agora, o ponto A. Aqui entram números e começamos a observar para onde estão sendo canalizados os seus recursos financeiros. E, sabendo já sua história com o dinheiro, tendo conhecido seus vieses comportamentais e mapeado seus objetivos, dispomos dos instrumentos necessários para estudarmos as intervenções que devem ser feitas, mudanças de rota, correções e, por fim, desenhar seu planejamento (sendo que este pode ser testado e alterado conforme necessário). Todo esse processo costuma ser muito libertador e gratificante. Entretanto, existe um entrave bastante comum: as pessoas demoram para dar o primeiro passo. Por quê?

Um dos motivos para isso é o costume de adiarmos decisões importantes. Isso é explicado por um viés comportamental chamado "otimismo excessivo". Acreditamos que no futuro vamos tomar decisões melhores do que hoje. É como a famosa dieta que vamos começar na segunda-feira (somos otimistas por acreditar que segunda-feira vamos tomar uma decisão boa e correta, mas o que muda no que somos hoje para o que seremos na próxima segunda?).

O segundo motivo é a escassez de tempo e energia. As pessoas tendem a estar atarefadas resolvendo assuntos prioritários, e não têm tempo para cuidar de suas finanças. O livro *Escassez,* de Sendhil Mullainathan e Eldar Shafir, compara esse comportamento com o malabarismo. Estamos sempre focados em pegar as bolinhas que estão caindo; assim que as pegamos, focamos em pegar as próximas. Provavelmente, não existe uma bolinha chamada "autocuidado financeiro" para entrar nessa roda. Quando sobra um tempinho, de tanto fazer malabarismos, as pessoas cansam. E assim surge a escassez de energia.

O terceiro e último motivo que enxergo para que o primeiro passo não seja dado é o medo. As pessoas, às vezes, estão tão preocupadas com suas finanças, tão desorganizadas e sem rumo, mas têm medo de começar a olhar para isso, por receio do que vão encontrar. Na realidade, não sabem o tamanho do buraco: "Será que é muito fundo?". Às vezes, esse buraco nem existe, basta fazer uma organização, e um olhar de fora pode ajudar a resolver essa questão de forma imparcial e simples. Como cita Daniel Kahneman em *Rápido e devagar*:

> [...] é muito mais fácil identificar um campo minado quando você observa os outros andando por ele do que quando é você que faz isso. Observadores estão menos ocupados cognitivamente e estão mais abertos a informações que os atores.

Dar o primeiro passo é fundamental. Adiar, não ter tempo, estar cansado ou ter medo pode fazer com que a situação financeira se complique mais e seus impactos na saúde só piorem. Peço que você, leitor, reflita sobre sua saúde financeira sem julgamentos e autoflagelação, mas entenda o destino de seus recursos. Será que eles estão sendo direcionados aos seus projetos e sonhos? Será que você está sendo impactado pela sociedade mais do que deveria?

Convido você a acessar meu Instagram, onde encontrará muito conteúdo e diversas sugestões sobre comportamento financeiro e finanças em geral! Se sentir que precisa de apoio, fique à vontade em me chamar. Vou adorar conhecer sua história e poder ajudar!

> **Cuidar das finanças é questão de saúde, e isso precisa ser cada vez mais conhecido e divulgado!**
>
> Ana Paula Madeira

Angélica Medeiros

Sou Angélica Medeiros, petropolitana, mãe da Isabela e do Bernardo, empreendedora há mais de nove anos e apaixonada pelos números desde a infância. Educadora financeira, mentora, gestora financeira e especialista em investimentos, minha trajetória começou como assistente administrativa, e minha busca por conhecimento nunca parou.

Investidora desde 2020, descobri nas finanças uma paixão transformadora. Acredito que o conhecimento é a chave para o sucesso. Minha missão é mudar vidas por meio dos investimentos, que vão além de números: são a porta para realizar metas e sonhos financeiros. Quero inspirar os outros a trilharem o caminho da prosperidade financeira, contribuindo para que mais brasileiros alcancem a tão sonhada liberdade financeira. Juntos, podemos construir um futuro próspero.

financascomangelica

+55 (24) 98853-2963

Angélica Medeiros

contato.angelicamedeiros@gmail.com

DINHEIRO *inteligente*

04 DO SONHO À REALIDADE: 5 ESTRATÉGIAS COMPROVADAS PARA CONSTRUIR SUA RENDA PASSIVA

Por Angélica Medeiros

Você já sonhou em ter uma renda passiva que lhe permita viver com mais tranquilidade e liberdade? Você não precisa ser um milionário para ter uma renda caindo na sua conta todos os meses, sem precisar trabalhar. Com um investimento inicial de R$ 1.000,00, você pode começar a gerar renda passiva hoje mesmo.

Você já parou para pensar sobre o quanto trabalha duro todos os dias e, mesmo assim, parece que nunca consegue economizar? Está sempre preocupado com o futuro e, quando pensa na possibilidade de perder seu emprego, fica aterrorizado? Você sonha em ter uma renda passiva que lhe permita viver com mais tranquilidade e liberdade, mas não sabe por onde começar?

O problema é que a maioria das pessoas não sabe como gerar renda passiva. Elas ficam presas em empregos tradicionais, que não lhes permitem ter mais controle sobre sua vida financeira. A falta de renda passiva pode ter consequências graves, levando à insegurança financeira, ao estresse contínuo e à falta de liberdade. Imagine se você perdesse seu emprego. Sem uma renda passiva, que caia na sua conta mensalmente, estará em uma situação extremamente difícil. Você pode precisar fazer um empréstimo ou recorrer à ajuda de amigos e familiares; com isso, corre o risco de criar outro problema, pois ficará endividado, sem saber como pagá-los. Ou imagine que você queira viajar o mundo, mas não tem dinheiro para bancar as despesas. Sem uma renda passiva, você poderá ter que adiar seus sonhos.

Mas não se preocupe, pois estou aqui para ajudá-lo e mostrar que existem várias estratégias comprovadas que você pode usar para aumentar ou criar sua renda passiva. Falarei de cinco métodos comprovados, que vão conduzi-lo nessa jornada de transformar seus sonhos em realidade. Por meio deles, com um investimento de R$ 100,00 você já começará a criar sua renda passiva, aumentando seu patrimônio até alcançar a liberdade financeira.

1. Investimento em ações

Investir em ações pode ser uma excelente maneira de gerar renda passiva. As ações são frações de propriedade de uma empresa. Quando você compra uma ação, você se torna um acionista (sócio) da empresa. As empresas que pagam dividendos distribuem parte de seus lucros aos acionistas. O percentual de lucros que uma empresa paga em dividendos é chamado de *yield*. Por exemplo, se investir R$ 10.000,00 em ações de uma empresa que paga dividendos anuais de 5%, você receberá R$ 500,00 por ano sem fazer nada.

Vantagens do investimento em ações: potencial de altos retornos, diversificação do portfólio, possibilidade de participar do crescimento de uma empresa sem precisa investir milhões.

Desvantagens do investimento em ações: risco de perda de capital, necessidade de conhecimento do mercado de ações, gestão ativa do portfólio.

2. Títulos do Tesouro

Títulos do Tesouro são títulos de dívida emitidos pelo Governo Federal. São considerados um dos investimentos mais seguros disponíveis. Os títulos do Tesouro pagam juros ao investidor. O percentual de juros que um desses títulos paga se chama *yield*. Se investir R$ 10.000,00 em um título do Tesouro que paga 6% ao ano, você receberá R$ 600,00 por ano até o vencimento do título.

Vantagens dos títulos do Tesouro: segurança, renda fixa, liquidez.

Desvantagens: rendimentos baixos, possibilidade de perda de poder de compra.

3. Fundos imobiliários

Fundos imobiliários são uma maneira de investir em imóveis sem ter que comprar ou gerenciar a propriedade. Os fundos imobiliários compram imóveis e distribuem os rendimentos aos investidores. Os rendimentos dos fundos imobiliários são chamados de dividendos. Por exemplo, se você investir R$ 10.000,00 em um fundo imobiliário que paga um rendimento de 8% ao ano, você receberá R$ 800,00 anualmente.

Vantagens dos fundos imobiliários: renda passiva, diversificação do portfólio, possibilidade de valorização do capital.

Desvantagens dos fundos imobiliários: risco de perda de capital, necessidade de uma corretora de valores.

4. Criptomoedas

As criptomoedas são uma forma de moeda digital descentralizada. Elas não são emitidas por um governo ou banco central e são uma forma de investimento mais arriscada, mas também têm o potencial de altos retornos. Por exemplo, se você investir R$ 10.000,00 em uma criptomoeda e ela valorizar 20% em um ano, seu investimento valerá R$ 12.000,00.

Vantagens das criptomoedas: potencial de altos retornos, diversificação do portfólio, possibilidade de participar de um novo mercado.

Desvantagens das criptomoedas: alto risco, alta volatilidade, necessidade de conhecimento técnico.

5. Investir no exterior

Investimentos no exterior são todas as aplicações de capital feitas em um país diferente do qual o investidor habita. No caso de investidores brasileiros, significa investir em ativos financeiros ou empresas que estão localizadas fora do Brasil. Investir no exterior oferece oportunidades de diversificação e acesso a mercados globais. Uma opção é investir em ações de empresas estrangeiras, permitindo que você participe do crescimento de setores e economias além das fronteiras nacionais, alocando uma parte dos seus recursos em uma das moedas mais fortes do mundo: o dólar. Além disso, ETFs (*Exchange-Traded Funds*) globais oferecem uma maneira diversificada de investir em diversos mercados com um único ativo. Os investimentos no exterior podem ser feitos por meio de diferentes produtos financeiros, como:

Ações: são títulos que representam uma parte do capital de uma empresa. Ao comprar ações, o investidor se torna um sócio da empresa e tem direito a uma parte dos lucros.

Títulos de renda fixa: são investimentos que pagam uma taxa de juros fixa ou variável. Os títulos de renda fixa podem ser emitidos por governos, empresas ou instituições financeiras.

Fundos de investimento: são produtos que reúnem o dinheiro de vários investidores para investir em um portfólio diversificado de ativos.

ETFs *(Exchange-Traded Funds)*: são fundos de investimento negociados na bolsa de valores como se fossem ações.

REITs *(Real Estate Investment Trusts)*: são fundos de investimento que investem em imóveis comerciais. Há compra de moeda estrangeira, como dólar ou euro, para fins de investimento ou especulação.

Vantagens de investir no exterior: diversificação da carteira, exposição a novas oportunidades de crescimento, proteção contra a inflação.

Desvantagens de investir no exterior: risco cambial, risco político, risco de liquidez.

Devo ressaltar que os investimentos no exterior podem ser complexos e apresentam riscos específicos. Antes de investir, é importante fazer um estudo cuidadoso e contar com o apoio de um profissional qualificado.

Agora que você conhece essas estratégias, pode começar a agir! Inicie estudando e colocando em prática as estratégias que mais lhe farão ter renda passiva e aumento de patrimônio. Lembre-se de que o sucesso não acontece da noite para o dia e que é preciso dedicação e disciplina para alcançar seus objetivos. Mas, se você quer alcançar seu sonho de ter uma renda passiva, é essencial começar a investir o quanto antes.

O tempo é um dos ativos mais importantes. Quanto mais cedo você começar a investir, mais tempo seu dinheiro terá para crescer. Imagine que você comece a investir R$ 1.000,00 por mês, aos 25 anos de idade. Se investir com uma taxa de retorno de 7% ao ano, seu patrimônio terá um valor de R$ 1.649.000,00 quando tiver 65 anos. No entanto, se você esperar até os 35 anos para começar a investir, seu patrimônio terá um valor de apenas R$ 1.010.000,00 aos 65 anos. A diferença é de R$ 639.000,00. Isso significa que você terá que trabalhar por mais tempo ou gastar menos dinheiro para atingir seus objetivos financeiros. Portanto, não perca tempo! Comece a investir já para garantir seu futuro.

Aqui estão algumas dicas para ajudá-lo a começar a investir:

- Estude e conheça o mercado: antes de investir em qualquer coisa, é importante entender o que está fazendo. Tenha uma estratégia de investimento que faça sentido para o seu momento de vida e seus planos futuros e aprenda sobre os riscos envolvidos.
- Comece pequeno: não tente investir muito de uma só vez. Inicie com um pequeno valor e vá ganhando confiança nos seus investimentos, mantendo a constância de investir mês a mês.
- Seja paciente: não espere ficar rico da noite para o dia. O investimento é um jogo de longo prazo. Com dedicação, estratégia e disciplina, você pode alcançar seu sonho de ter uma renda passiva.

Se está realmente decidido a ter uma renda passiva que permita a você e a sua família viver com tranquilidade e liberdade financeira, eu posso ajudá-lo. Passei muito tempo estudando para, enfim, começar a investir meu dinheiro. Aos poucos, fui aprendendo mais e mais sobre o assunto. Hoje, tenho um patrimônio sólido e uma fonte de renda passiva que me permite viver com tranquilidade. Mas você não precisa levar tanto tempo para começar a investir, pois posso lhe mostrar o caminho que deve seguir. Sendo sua mentora financeira, vou auxiliá-lo a encurtar seu tempo, por ter o conhecimento necessário para ensiná-lo a começar a investir e criar sua renda passiva. Portanto, venha falar comigo agora mesmo em minhas redes sociais, e eu o ajudarei a criar sua renda passiva e conquistar a sua tão sonhada liberdade financeira.

Não deixe para depois! O tempo é o seu maior aliado nos investimentos. Tão logo começar, mais tempo seu dinheiro terá para crescer e trabalhar por você. O futuro financeiro é construído hoje!

Seja o arquiteto do seu futuro e faça o que precisar ser feito para se tornar quem você quer ser. Não tenha medo de arriscar.

Angélica Medeiros

Bruno Bernardes

Sou Bruno Bernardes, resido em Vila Velha (ES) com minha futura esposa, Paola Oliveira. Atuo como mentor, escritor, *coach* financeiro e CEO da Datavix Contabilidade. Há mais de seis anos, faço palestras e treinamentos para milhares de empreendedores em todo o Brasil.

Tenho 35 anos, sou bacharel em Ciências Contábeis, pós-graduado em Controladoria e Finanças e cursei MBA em Gestão Empresarial e Negócios. Estudei em ótimos colégios de São Paulo, mas engana-se quem acha que sou de família rica. Na minha história, houve muitos altos e baixos. Superei diversos desafios e provei que é possível mudar a própria trajetória através da educação financeira, construir um negócio sólido e transformar vidas.

bruno.bernardes.oficial

bruno.bernardes.dtvcontabil@gmail.com

DINHEIRO *inteligente*

05 EDUCAÇÃO FINANCEIRA PARA EMPRESÁRIOS

Por Bruno Bernardes

Neste capítulo, abordarei a temática da educação financeira direcionada ao universo empreendedor. É instigante discutir esse assunto, especialmente porque ele nunca foi contemplado nas aulas, nos colégios em que estudei.

Em geral, escolas públicas ou privadas preparam seus alunos para passar nos vestibulares, escolher uma carreira, cursar uma boa faculdade e, posteriormente, conquistar um bom emprego. Comigo foi assim, não recebi orientações sobre como me tornar um empreendedor bem-sucedido, como iniciar um negócio ou desenvolver as habilidades necessárias para obter sucesso empresarial.

Contudo, sempre tive o desejo de explorar e compartilhar conhecimentos a respeito da educação financeira no contexto do empreendedorismo. Devido a essa lacuna, experimentei as consequências de iniciar um negócio sem conhecimento financeiro. Por volta dos meus 21 anos, fui convidado a integrar a sociedade de um pequeno escritório, que contava com apenas dois clientes. Ao longo de cinco anos dedicados àquela parceria, me empenhei bastante, com jornadas de trabalho que, frequentemente, ultrapassavam 12 horas diárias, sem contar os vários finais de semana que passei trabalhando. Com o nosso esforço, o empreendimento prosperou, obtendo números impressionantes e chegando a atingir um faturamento anual de mais de 5 milhões de reais e um quadro com quase 70 funcionários.

Apesar desse notório sucesso, enfrentávamos um grande desafio: todo o dinheiro que entrava encontrava a saída. Isso ocorria porque ele era usado para cobrir as despesas da empresa e, principalmente, as dos sócios. Não havia um adequado controle financeiro, nem sequer uma reserva de emergência. Vivíamos da crença de que, a cada mês, mais dinheiro entraria. Contudo, uma decisão administrativa equivocada foi fatal, e me deparei com o sabor amargo da falência empresarial.

Saímos de um faturamento milionário para uma dívida astronômica no decorrer de 30 dias. O montante que devíamos se aproximava de 1 milhão de reais. Com essa tragédia, aprendi a importância vital de compreender os princípios da boa gestão financeira, como ferramenta indispensável para manter a saúde e a sustentabilidade dos negócios. É essa a lição que considero fundamental para a minha trajetória empreendedora.

Nas próximas páginas, deixarei algo valioso para você: cinco fundamentos da educação financeira para empresários, que, se tivesse conhecido e aplicado no passado, teriam evitado que eu quebrasse. Com certeza, eles serão instrumentos fundamentais para o sucesso dos seus empreendimentos.

O primeiro fundamento pode parecer clichê, mas jamais deverá ser negligenciado: separe as finanças do seu negócio das suas finanças pessoais. De maneira pragmática, recomendo a abertura de um CNPJ e a manutenção de uma conta bancária exclusiva para a empresa e outra para sua vida particular. É crucial receber os rendimentos do negócio e destinar a eles somente as despesas pertinentes.

No entanto, essa abordagem vai além. É fundamental compreender que as decisões, os problemas e as necessidades pessoais não devem ser misturadas às responsabilidades do negócio. Se a intenção ao empreender é meramente a de buscar uma vida melhor, há um risco considerável. A verdadeira motivação deve ser a de criar um legado, ampliar horizontes e tornar o empreendimento escalável. Um negócio estagnado, sem reservas financeiras, está fadado ao fracasso.

Seu empreendimento não deve ser concebido apenas como um provedor de recursos, enquanto você é somente o consumidor. Uma mentalidade empreendedora exige uma visão mais ampla. Uma empresa deve gerar lucro, e o empresário deve ser obstinado nesse resultado. O lucro é o que viabiliza investimentos no negócio, permite reformas, expansões e financia a qualidade de vida do empreendedor. Portanto, é essencial focar na rentabilidade como motor propulsor do sucesso empresarial.

Segundo fundamento: é vital apropriar-se da compreensão clara das despesas e estabelecer previsibilidade. Isso significa conhecer detalhadamente as projeções de receitas e despesas para o seu negócio, além de desenvolver um orçamento familiar abrangente para suas despesas pessoais. Uma máxima que tenho como princípio é: "Quem não tem um planejamento financeiro está, na verdade, planejando um fracasso".

Ao negligenciar a escrita da sua própria história financeira, você abre espaço para o insucesso. Embora o futuro não possa ser previsto com exatidão, é possível moldá-lo ativamente. O empresário que negligencia seu orçamento financeiro pessoal, ao enfrentar as primeiras dificuldades, acaba recorrendo às reservas da empresa. Recomendo que você estabeleça uma relação abrangente entre as projeções futuras do seu negócio e suas finanças pessoais, abordando receitas, despesas e possíveis endividamentos.

Hoje, navegamos pelo universo digital, desfrutando de agilidade na comunicação e acesso fácil à informação. Essa é uma realidade notavelmente diferente daquela experimentada dez ou quinze anos atrás. Se refletirmos por um momento, o que não podemos esquecer ao sair de casa e que, caso esqueçamos, nos faz retornar imediatamente? O celular. Nesse dispositivo, armazenamos não apenas nossa comunicação, mas quase toda a nossa vida, guardando desde informações pessoais, documentos e até nosso dinheiro. Hoje, muitas pessoas dispensam o uso de dinheiro físico ou carteiras, imersas em um mundo digital.

Pergunto a você: sua gestão financeira, tanto pessoal quanto empresarial, está alinhada com essa realidade? Ela está, literalmente, na palma de suas mãos, sendo fácil, prática e rápida? Este é o terceiro princípio da educação financeira que compartilho com você. É essencial transformar o controle financeiro diário em um hábito simples e eficiente.

Na sociedade em que vivemos, o consumo é constante e facilitado por serviços como o IFood e a Uber, dentre outros. Mas, diante de tantas facilidades consumistas, como podemos controlar nossos gastos pessoais? Como fazê-lo de maneira eficiente, seja na sua empresa ou na sua vida pessoal? É possível resolver isso com a facilidade do celular na palma da sua mão? Sim, e a solução está em desenvolver o hábito de registrar cada gasto, o que, na prática, é uma tarefa simples, mas que pode ser transformadora para a sua vida e sua carreira.

Enquanto muitos empresários contam com profissionais do setor financeiro para gerenciar essas questões em seus negócios, frequentemente eles negligenciam a importância de aplicar os mesmos princípios nas suas vidas privadas. Independentemente do estágio em que você se encontra, é sua obrigação manter seu controle financeiro diário, pois isso terá um impacto transformador nos seus negócios e na sua vida particular. Lembre-se de que quem para no meio do caminho nunca chega a lugar algum. Se você cometer erros ou falhar em seu controle financeiro diário, recomece, mas jamais desista.

O quarto fundamento envolve a análise dos resultados, dos indicadores financeiros, também conhecidos como KPIs (*Key Performance Indicators* ou indicadores-chave de desempenho). Esses indicadores incluem faturamento, lucro bruto, ponto de equilíbrio, liquidez e endividamento, além de diversos outros, que podem ser derivados dos números que permeiam tanto o seu negócio quanto a sua vida privada.

Ao final de cada mês, o empresário que busca o sucesso financeiro deve confrontar o planejado com o realizado. É necessário avaliar o que foi construído no planejamento financeiro em comparação com o que efetivamente foi gasto. Como você estabeleceu previsibilidade financeira em seu orçamento familiar e o que de fato ocorreu durante o mês? Você alcançou suas metas de gastos ou as ultrapassou? Houve falhas no planejamento? Esqueceu-se de incluir despesas? Assumiu novas dívidas? Ampliou seus parcelamentos no cartão? Embora possa ser uma verdade difícil de encarar, é imperativo entender que não há espaço para amadorismo. Essa é uma atitude que já não serve mais.

Sua empresa e sua vida estão sinalizando o caminho que você está trilhando, alertando-o para decisões que precisam ser tomadas, com base nos números. Ignorar essa realidade já não é uma opção, especialmente após ter percorrido o caminho até aqui.

Estamos chegando ao fim desta jornada de conhecimento, numa trajetória que acredito que esteja sendo enriquecedora para você. Os fundamentos até aqui compartilhados têm o potencial de transformar a sua vida e também de impactar positivamente a vida daqueles que estão ao seu redor. "Nada acontece até que algo se mova" (Albert Einstein).

O último pilar da educação financeira para empresários declara que é imperativo agir após a análise dos seus números. Esse é o momento de realizar os cortes necessários e adotar atitudes proativas: seja em sua empresa, tomando decisões sérias e inadiáveis para assegurar a continuidade e o crescimento, ou na sua casa, estabelecendo novos hábitos, realizando cortes e adotando ações que promovam a saúde das suas finanças pessoais.

Tenha em mente que o dinheiro é um excelente servo, mas um péssimo senhor. Não permita que ele o escravize; não viva constantemente o perseguindo. O hábito de gerenciar o dinheiro é mais relevante do que a quantia que você possui. As alternativas são claras: ou você controla o seu dinheiro ou controlará você. Esteja no comando das suas finanças e crie uma relação saudável e equilibrada com o dinheiro.

Agora, dê o próximo passo e aplique tudo o que foi ensinado aqui. Construa a sua própria narrativa, pois você detém as ferramentas e os conhecimentos para uma jornada de sucesso. A melhor parte é que você se tornará o autor da sua história; independentemente de onde se encontra agora, você tem o poder e a capacidade para fazer as mudanças necessárias. Nunca será possível retroceder no tempo para corrigir os erros passados, porém todos os dias você pode escrever algo diferente em sua história.

“

A motivação tira você da inércia, mas é a constância que o mantém nos resultados.

Bruno Bernardes

”

Camila Fernandes Buture

Sou Camila Fernandes Buture, educadora apaixonada e assessora de investimentos certificada pela Ancord. Minha missão é empoderar as pessoas na área da gestão financeira, desmistificando o universo dos investimentos. Com uma formação abrangente, incluindo licenciatura em Matemática e Engenharia de Produção, bem como um mestrado em Engenharia de Produção, minha carreira acadêmica e profissional reflete meu amor pelo ensino. Desde 2011, leciono Matemática, Física, Robótica e, mais recentemente, Inteligência Financeira, sempre com o objetivo de tornar o conhecimento acessível e prático.

camila_fernandesb

facebook.com/kmifernandes

Camila Fernandes Buture

DINHEIRO *inteligente*

06 INVESTIMENTO PARA INICIANTES: FUNDAMENTOS FINANCEIROS

Por Camila Fernandes Buture

Investir pode parecer intimidador para iniciantes, mas compreender os fundamentos financeiros é essencial para descomplicar essa jornada. Neste capítulo, abordaremos conceitos vitais para quem está começando. Vamos explorar como o valor do dinheiro evolui com o tempo e analisar diversos tipos de investimentos. Tais princípios fundamentais são cruciais para tomar decisões financeiras inteligentes. O investimento não é exclusivo para especialistas, ele é acessível a todos. Entender o básico é fundamental para liberar seu potencial financeiro e embarcar em uma jornada empolgante e enriquecedora no universo dos investimentos.

Iniciar no mundo dos investimentos requer compreensão dos fundamentos financeiros, começando pela definição de objetivos. Pergunte-se: "por que e para que investir?". As respostas a essas questões são essenciais para estabelecer metas claras, seja para a aposentadoria, compra de imóveis ou educação. Investir vai além de acumular riqueza; trata-se da realização de sonhos. Os objetivos podem ser categorizados em curto prazo (até um ano), médio prazo (de um a três anos) e longo prazo (mais de três anos), cada qual requerendo estratégias específicas.

Um bom planejamento começa com a definição clara de metas, sejam elas de curto, médio ou longo prazo. Tornar tais metas mensuráveis e específicas é vital para monitorar o progresso. Por exemplo, em vez de um objetivo genérico como "economizar para a aposentadoria", defina uma quantia e um prazo específicos.

Para alcançar esses objetivos, é essencial ter um orçamento sólido e cultivar hábitos de poupança, estabelecendo as bases para um planejamento financeiro eficiente. O orçamento envolve a gestão cuidadosa das finanças, categorizando e priorizando gastos essenciais e supérfluos. O planejamento financeiro, por sua vez, é um processo mais abrangente, focado nas metas de longo prazo e na criação de um plano de ação detalhado.

Entender a inflação e o conceito de valor do dinheiro ao longo do tempo é outro fundamento crucial. A inflação, ao reduzir o poder de compra da moeda, ressalta a importância de investimentos que superem esse índice para preservar e aumentar o valor do capital. Além disso, o tempo é um aliado dos investidores; quanto mais cedo se começa, mais se beneficia dos juros compostos, contrabalançando a inflação e maximizando o valor do dinheiro a longo prazo.

Vejamos um exemplo claro disso: Maria, aos 17 anos, começou sua graduação em Medicina, equilibrando estudos com trabalhos *freelancers* para cobrir custos e investir R$ 500,00 mensais. Seis anos depois, seu investimento valia R$ 49.264,73, considerando uma taxa de 10% ao ano. Já formada e com um salário de R$ 13.690,80, Maria aumentou seu investimento mensal para R$ 8.000,00 (ela conseguia tranquilamente viver com o restante do seu salário, pois tinha adquirido educação financeira), atingindo R$ 857.946,57 após outros seis anos investindo.

Em contraste, temos Miguel, também estudante de Medicina. Embora ele tenha trabalhado como *freelancer* em condições bem similares às de Maria, não poupou ou investiu. Dessa forma, ele não tinha nenhuma reserva financeira. Após se formar, sem educação financeira e com um salário de R$ 13.690,80, Miguel começou a lidar com dívidas, até que decidiu mudar seus hábitos financeiros. Três anos depois de formado, começou a investir R$ 1.000,00 mensais, acumulando R$ 41.509,18 em três anos, com a mesma taxa de 10%. A história de Miguel parece triste, mas, na verdade, não é, pois nunca é tarde para mudar seus hábitos financeiros e começar a investir.

Esses exemplos destacam o impacto significativo da educação financeira e dos juros compostos. Maria, ao começar a investir cedo, acumulou um montante considerável. Miguel, apesar de começar mais tarde, também se beneficiou ao mudar seu comportamento financeiro.

Ambas as situações revelam o poder do dinheiro ao longo do tempo e como a educação financeira é importante. O conselho de Dave Ramsey é muito relevante nesse contexto: "Não adie o prazer de poupar. Quanto mais cedo começar, mais cedo irá sentir a liberdade financeira". E eu acrescentaria, além do poupar, o hábito de investir.

Podemos observar que Maria investiu por um período curto, e menor ainda foi o tempo em que Miguel poupou e investiu seu dinheiro. Portanto, vamos considerar, agora, a seguinte situação: se Maria investisse desde os 18 até os 50 anos, por exemplo, a quantia de R$ 500,00 mensais, considerando uma taxa de 10% ao ano, ela acumularia, em 32 anos, o montante de R$ 1.217.383,49, em que o valor investido seria de R$ 192.500,00, e o valor em juros seria de R$ 1.024.883,49. Como dizia Albert Einstein: "Os juros compostos são a força mais poderosa do universo".

Depois de considerar esses três princípios fundamentais, podemos entrar no quarto princípio, de que são as opções de investimentos, ou melhor, como se entende essas opções e o que deve ser considerado. Devemos lembrar que, antes de investir, é necessário conhecer seu perfil de investidor e respeitá-lo.

Os perfis de investimento variam conforme a tolerância ao risco e os objetivos de cada um. O primeiro é o perfil conservador, marcado pela preferência por segurança e ativos de baixo risco. Investidores conservadores focam na preservação do capital, optando por retornos menores em favor da estabilidade. O perfil moderado busca um equilíbrio entre segurança e rentabilidade. Esses investidores estão dispostos a aceitar um nível moderado de risco para alcançar retornos mais atraentes, mas, ainda assim, mantêm uma parcela significativa de seus investimentos em ativos mais seguros. Por fim, o perfil agressivo ou arrojado se caracteriza pela alta tolerância ao risco, visando retornos elevados. Investidores agressivos estão abertos à volatilidade do mercado, aceitando grandes oscilações em seus investimentos em busca de ganhos substanciais.

Para iniciantes, existem várias opções de investimento, cada uma adequada a diferentes perfis e objetivos. Algumas opções comuns incluem:

- **Tesouro Direto:** emitido pelo governo, oferece baixo risco e fácil acesso. Devolve o capital investido mais os juros no fim do prazo.

- **Certificado de Depósito Bancário (CDB):** emitido por bancos para financiar suas operações. Oferece o retorno do capital mais juros, sendo mais rentável que a poupança.

- **Letra de Crédito do Agronegócio (LCA) e Letra de Crédito Imobiliário (LCI):** títulos de renda fixa isentos de imposto de renda, financiam respectivamente o agronegócio e o setor imobiliário. Oferecem o retorno do capital mais juros.

- **Fundos de Investimento:** incluem opções como renda fixa, multimercado e ações, são geridos por profissionais e oferecem diversificação.
- **Ações:** representam uma participação em uma empresa, sendo um investimento de renda variável com mais risco e potencial de retorno mais elevado.
- **ETFs (*Exchange Traded Funds*):** fundos que replicam índices de mercado, são negociados na bolsa e oferecem diversificação.
- **Previdência Privada:** uma opção de longo prazo com benefícios fiscais, incluindo planos como PGBL e VGBL.

Essas opções variam em termos de risco, retorno e liquidez, e é crucial escolher aquelas que se adequam ao seu perfil de investidor e objetivos financeiros (a curto, médio e longo prazo).

O Fundo Garantidor de Crédito (FGC) é uma entidade sem fins lucrativos essencial para a segurança dos investimentos em instituições financeiras. Ele atua como uma espécie de seguro, protegendo os recursos dos depositantes e investidores em casos de intervenção ou falência de instituições financeiras. Sua função é contribuir para a estabilidade do sistema financeiro e diminuir o risco percebido pelos investidores.

Em caso de problemas financeiros em uma instituição em que o investidor tem recursos aplicados, o FGC garante a devolução de até R$ 250.000,00 por CPF em cada instituição financeira. Esse limite se aplica ao total de depósitos e investimentos que um indivíduo possua na mesma instituição financeira, garantindo uma camada adicional de proteção ao investidor.

Tesouro Direto

Mínimo para investir: R$ 30,00

Liquidez: diária ou conforme prazo acordado

Risco: baixíssimo (sem cobertura do FGC)

Certificado de Depósito Bancário (CDB)

Mínimo para investir: a partir de R$ 1.000,00 (opções de menor valor disponíveis)

Liquidez: diária ou conforme prazo acordado

Risco: baixo (coberto pelo FGC)

Letra de Crédito do Agronegócio (LCA) e Letra de Crédito Imobiliário (LCI)

Mínimo para investir: a partir de R$ 1.000,00 (há opções de menor valor disponíveis)

Liquidez: diária ou conforme prazo acordado

Risco: baixo (coberto pelo FGC)

Fundos de investimento

Mínimo para investir: a partir de R$ 100,00

Liquidez: diária ou conforme prazo acordado

Risco: varia conforme o fundo (sem cobertura do FGC)

Ações

Mínimo para investir: centavos

Liquidez: geralmente dois dias úteis

Risco: alto (sem cobertura do FGC)

ETFs (*Exchange-Traded Funds*)

Mínimo para investir: R$ 100,00

Liquidez: diária ou conforme prazo acordado

Risco: varia conforme o ETF (sem cobertura do FGC)

Previdência Privada

Mínimo para investir: R$ 100,00

Liquidez: conforme prazo determinado

Risco: varia conforme o fundo de previdência (sem cobertura do FGC)

Iniciar no mundo dos investimentos requer respeitar seu perfil e seus objetivos e um compromisso contínuo com o aprendizado. Esse caminho abre portas para diversificar seus investimentos e tomar decisões mais assertivas. A jornada dos investimentos é um passo primordial para alcançar suas metas financeiras.

Ao abordar os investimentos com cuidado e buscar conhecimento constante, você estará no caminho certo para desenvolver um portfólio sólido e alcançar sucesso financeiro a longo prazo. É importante adaptar suas estratégias à medida que sua experiência aumenta, sempre considerando o equilíbrio entre risco e retorno.

Com dedicação e conhecimento, você estará preparado para vencer os desafios e aproveitar as oportunidades do mercado financeiro. Então, comece sua jornada de investimentos e construa um futuro financeiro próspero. Boa sorte em sua jornada!

"Não se trata apenas de *status* e riqueza, mas de viver bem e realizar sonhos, proporcionando qualidade de vida para nós mesmos e para quem amamos."

Camila Fernandes Buture

Carine Peccin

Sou Carine Peccin, natural de Seberi (RS). Moro em Bento Gonçalves (RS) com meu esposo, Cassiano, com quem sou casada há 12 anos, e com meu filho, Felipe.

Sou mentora de empresárias, escritora e palestrante. Bacharel em Ciências Contábeis, tenho MBA em Gestão Empresarial e em Vendas, Marketing e Geração de Valor. Também sou proprietária da Carine Peccin Consultoria, ajudando a mudar a vida de mais de 5 mil mulheres. Sou sócia e diretora comercial da Vithall Treinamentos Bento.

Dedico este capítulo aos meus mentores: Deus; meus pais; e aos amigos Fabiane Locatelli e Eduardo Jacques (*in memoriam*). Minha missão é transbordar na vida de milhares de pessoas, para que prosperem.

carinebarbosapeccin

vithalltreinamentos

+55 (54) 99667-5951

contato@carinepeccin.com

07 A MENTALIDADE FINANCEIRA NUM MUNDO EM MUDANÇA

Por Carine Peccin

Eu não poderia começar este capítulo de outra maneira que não fosse falando sobre a minha base familiar, que faz parte da minha trajetória pessoal e refletiu no meu lado profissional. É interessante entender a história de uma jovem que foi a primeira a empreender na família. Qual foi a mentalidade dela para não seguir o percurso natural de todos os seus irmãos, que trabalhavam no regime CLT?

Meus pais, sem estudos, decidiram sair da colônia onde viviam com quatro filhos pequenos e se mudaram para a cidade de Teutônia, que possuía outra cultura e um mercado de trabalho industrial. Eles não tinham certeza alguma sobre o futuro: se encontrariam emprego e o que teriam que enfrentar ao se mudarem para um município que recomendava às famílias que voltassem à colônia.

Percebi a coragem e os valores pessoais fortes dos meus pais em um mundo em transformação, mais tecnológico, ao morarem num local com diferentes poderes aquisitivos. Tínhamos muitas desculpas: o fato de não termos computador para fazer trabalhos de escola, não dispormos de TV para saber das notícias, não termos celular para nos comunicar com os colegas, não termos mochila, estojo, roupas de marca etc. Acredito que, para não cair na vitimização, comparação ou rejeição e continuar crescendo, contei com grandes mentores, principalmente a minha mãe, que lapidou minha mente para o crescimento contínuo em todas as áreas da vida. Por isso, quero falar sobre cinco pontos essenciais a fim de lapidar sua mentalidade financeira e prosperar num mundo em mudanças.

Clareza do que é inegociável

Primeiro ser para depois ter: essa frase já deve ser conhecida para você. Por muito tempo, eu não conseguia colocá-la em prática. Até que o casamento e o relacionamento com meu filho não estavam indo muito bem. Claro, todas as atividades e reuniões estavam na minha agenda, menos quem? Minha família. Queria acompanhar tudo o que acontecia e me entregava ao máximo para isso, seja em termos de tecnologia, especialização, conhecimento técnico ou eventos (e eu queria estar em todos eles).

Até que, uma vez, me fizeram a seguinte pergunta: "O que é sucesso para você?". E eu respondi: "Estar no topo, com a minha família (meu marido e filho)". "Onde estão eles na sua caminhada?" A partir daquele dia, está na minha agenda, até hoje, o Dia da Família (quarta à noite), para ser mãe, esposa etc. Isso é inegociável. Família não é só final de semana ou almoço de domingo, mas ter um momento na semana em que todos se sintam importantes. Paramos a semana para dar atenção às pessoas que mais amamos. Dinheiro é alegria, está nos lares e nas empresas mais felizes. Tenha clareza em sua caminhada para colher resultados no futuro. Quais outras áreas da sua vida são inegociáveis, mas que estão sendo colocadas na última prateleira da sua estante?

Ganhar ou fazer dinheiro

Meu pai se aposentou da indústria e, até hoje, planta feijão, batata-doce, cana-de-açúcar, pipoca e milho. Certo dia, ganhei uma garrafa PET com o feijão que ele colheu. Percebi que ele separou uma garrafa e perguntei: "Pai, você vai guardar essa garrafa?". E ele disse que era a semente para o próximo plantio. Aprendi com meu pai sobre a importância de plantar e colher e, mais ainda, a de guardar a semente para continuar plantando. A grande lição está em aprender a plantar e não ficar na posição de querer somente ganhar.

A inteligência financeira está na multiplicação: fazer dinheiro novo e guardar parte dele para o novo plantio. A forma de fazer dinheiro novo se dá ao contribuir para a vida de milhares de pessoas; seja vendendo, atendendo ou ensinando.

Comecei a notar que para ter acesso a mais conhecimento era necessário fazer mais dinheiro. Para fazer mais dinheiro, eu tinha uma barreira: saber vender. Fiz treinamentos de vendas, porém havia mais uma barreira, o meu merecimento de fazer mais dinheiro. Novamente, corri atrás de mais autoconhecimento para aumentar a régua do meu merecimento. Quando me senti merecedora, tudo começou a fluir com leveza, e continuei trabalhando e buscando conhecimento.

Se hoje você está lendo este capítulo, isso é resultado de eu me sentir merecedora de escrever e transbordar em sua vida. Comece por se autoconhecer, estudar, organizar e multiplicar seu dinheiro. Acredite, ele facilita a sua vida, a da sua família e as vidas das pessoas!

Finalizar tudo o que iniciar

Quando iniciei a faculdade de Ciências Contábeis, em Bento Gonçalves, conheci uma nova cultura. Com ela, vivi uma fase de adaptação ao me mudar de uma cidade pequena – Teutônia – para a Serra Gaúcha.

No 2º semestre, já comecei a reclamar para meus pais que não estava me adaptando. Eu me sentia sozinha, a cidade tinha muitos morros, não aguentava mais caminhar e sentia muita dor nas pernas. Sendo a filha mais nova, acreditava que meus pais me deixariam voltar para casa. Porém, minha mãe tinha a seguinte mentalidade: "Tudo o que iniciar, finalize!". Aprendi com ela que, apesar de ser desafiador, devo sempre terminar.

Nosso cérebro quer, na maior parte do tempo, descansar. Você pode chamar de desistir ou procrastinar quando não finaliza o que iniciou. Talvez, você seja a pessoa que sempre planeja, porém, quando vai executar, já está cansada de tanto planejar. Você tem mil ideias e planos, porém sempre acontece algo que muda tudo ou cria empecilhos para não dar continuidade ao que iniciou. Talvez, acredite que não esteja bom o suficiente para finalizar. Mas alguns apoios você pode criar para que sua própria mente inconsciente não o sabote. Por exemplo, tenha bordões que possa falar e repetir. Há, por exemplo, uma frase que uso muito: "Bora fazer acontecer!". O perfeccionismo vai paralisá-lo, então, use o bordão: "Feito é melhor do que perfeito". Além disso:

- tenha prazos para realizar suas ações;
- conviva com pessoas executoras, de forma a ser influenciado;
- tenha um guardião do seu objetivo, que o incentive a conquistar;
- crie uma imagem em sua mente: a sua, finalizando o que iniciou;
- tenha olhos de águia: visualize a si mesmo daqui a alguns anos; e

- qualquer mudança, seja na tecnologia ou na grama do vizinho, é melhor, é mais verde. Isto é: a comparação pode ser a responsável por sabotar suas finanças.

Sempre que me comparo com alguém, me sinto inferior. Isso entra no meu emocional. E o dinheiro é emocional. Compro emocionalmente. Quando decido pela emoção, acabo comprando mais do que preciso. Toda compra não planejada interfere nas suas finanças, que interferem no seu relacionamento em casa ou com as pessoas ao seu redor.

Lembro que, quando eu estava fazendo minhas especializações, muitas vezes, quis desistir por não ter as ideais condições financeiras. Longe de casa, ligava para minha mãe querendo desistir. Se ela aprovasse, eu pararia. Minha mãe, com olhos de águia, me falava das oportunidades que eu teria após finalizar o curso, me ensinando a ter uma mentalidade de criação do futuro. Sou 100% responsável por ele. As decisões que tomo hoje se refletirão daqui a alguns anos.

Aprendi, ao longo de dez anos, após terminar a faculdade e as especializações, que minha mãe tinha razão. Quando estamos na ilha, a rodeamos e queremos ir embora, porque enxergamos sempre as mesmas árvores e os mesmos pássaros. Geralmente, quando alguém de fora o tira da ilha, seja um mentor ou consultor, você recebe um binóculo para ver de mais longe as tantas oportunidades lá existentes.

Já pensou em ter um mentor que faça as perguntas certas, estando nos ambientes certos, com pessoas certas? Já pensou em se concentrar no que está ao seu alcance? Há um tempo, adotei a postura de entender a velocidade do crescimento de cada pessoa. Não posso carregá-las ou crescer por elas. Cada um tem uma mentalidade financeira, atrelada a arquivos gravados no seu inconsciente a respeito do que ouviu, viu ou sentiu desde a infância. Cada arquivo pode ser transformado, ou seja, suas crenças com relação ao dinheiro e como seus pais lidavam com as finanças. Repetimos os padrões de nossos familiares. Quando adultos, podemos decidir lidar com as finanças de forma diferente. Entendi que meus pais tinham os hábitos que haviam aprendido com meus avós.

Eu me concentrei em estudar, lidar com as crenças, aumentar meu merecimento e construir meus próprios sonhos, deixados por muito tempo de lado, mas sem parar de ajudar as pessoas – o que é diferente de carregá-las. Hoje, talvez, você não carregue ninguém, porém os seus sonhos estão guardados na gaveta. Seja você a mudança que deseja ver no mundo!

Independentemente de sua postura hoje, pegue um papel, uma caneta e escreva seus objetivos por meio de uma ferramenta chamada 5W2H (criada na década de 1950, por Taiichi Ohno e Eiji Toyoda). Ela é formada por sete perguntas, que compõem o Plano de Ação:

PLANO DE AÇÃO	
O que fazer? *(What)*	
Quem fará? *(Who)*	
Quando (Data)? *(When)*	
Local? *(Where)*	
Por que fazer? *(Why)*	
Como será feito? *(How)*	
Qual será o custo? *(How much)*	

A ideia é organizar, planejar e ajudá-lo a executar. A partir da ação, não conte seus próximos passos, só mostre os resultados. Sua autoconfiança aumentará à medida que vir os frutos da sua execução. Concentre-se no que está ao seu alcance. Mudanças em seu entorno que não estão ao seu alcance só vão minar suas energias. Quais são suas decisões, a partir de hoje? Escreva sua história dos sonhos.

Parabéns pela decisão! Convido você a executar as ações de transformação e expandir sua mente com conhecimento e prosperidade. Se este capítulo o fez refletir e lapidar sua mente, fico feliz por ajudá-lo nessa missão. Agora, compartilhe este livro e entre para a Comunidade Próspera, grupo em que transbordamos e prosperamos, juntos.

Se você chegou até aqui, quero presenteá-lo com 30 minutos de mentoria de negócios on-line. Para isso, é só me seguir no Instagram, fazer uma foto deste livro e me marcar nos *stories*. Em seguida, me chame no Direct. Conto com você para transbordarmos juntos na vida de milhares de pessoas!

> **Pessoas que transbordam prosperam.**

Carine Peccin

Daniele Mendes

Sou Dani Mendes, nascida em Recife (PE), filha amada de Deus. Minha relação com o dinheiro começou quando decidi dar aulas de reforço para crianças do meu bairro. De família simples, moradora da periferia e aluna de escola pública, decidi construir uma vida de prosperidade a partir do zero absoluto. Com oito anos de experiência no mercado financeiro, deixei minha carreira bancária para me tornar mentora de mulheres, em busca de uma relação saudável com o dinheiro. Superei desafios e demonstrei que é possível transcender a escassez, ter educação financeira e fazer o dinheiro prosperar. Como mãe e esposa, entendo os desafios de construir um futuro financeiro sólido, e é por isso que já transformei a vida de centenas de mulheres, por meio do método A Dona do Dinheiro. Estou aqui para inspirá-lo, orientá-lo e capacitá-lo a conquistar a independência financeira que merece

danimendesfinancas

+55 (85) 98196-7340

Daniele Mendes

atendimento@danifinancas.com.br

DINHEIRO *inteligente*

08 MENTALIDADE FINANCEIRA EM TEMPOS DE CRISE

Por Daniele Mendes

Vivemos em uma era permeada pela imprevisibilidade econômica, em que as ondas de crise se tornaram quase uma constante. O impacto global da pandemia da Covid-19 é uma recordação recente e intensa de como eventos imprevisíveis podem abalar a estabilidade financeira em níveis globais. Essa crise, somada a outras instabilidades econômicas, tem reforçado a necessidade de uma mentalidade financeira sólida e adaptável, capaz de enfrentar não apenas os desafios do presente, mas também as incertezas do futuro.

A pandemia trouxe não apenas preocupações com a saúde pública, como desencadeou ondas de turbulência nos mercados financeiros, resultando em perdas de empregos em escala global e perturbações nas fontes tradicionais de renda. Em meio a esse cenário desafiador, o papel da mentalidade financeira torna-se ainda mais crucial. A incerteza sobre o futuro e as transformações rápidas nas dinâmicas econômicas destacam a necessidade de abordar não apenas a gestão de recursos, mas também a construção de uma mentalidade financeira resistente. No âmago dessa realidade desafiadora, surge um problema comum a muitos: a falta de preparo emocional e mental para enfrentar as complexidades financeiras da vida em tempos de crise. A ansiedade associada à instabilidade econômica pode obscurecer o discernimento financeiro, levando a decisões precipitadas e, em muitos casos, prejudiciais a longo prazo.

É inegável que a crise impacta diretamente o bolso e, por extensão, a qualidade de vida. A perda de empregos, a redução de renda e o aumento de despesas essenciais criam uma tempestade financeira perfeita. A ausência de uma mentalidade financeira sólida nesse contexto agrava ainda mais os desafios, minando a confiança e a capacidade de enfrentar adversidades com resiliência.

Os efeitos de uma mentalidade financeira frágil se manifestam em escolhas impulsivas, endividamento descontrolado e uma sensação avassaladora de impotência. Esse ciclo pode resultar em consequências de longo prazo, prejudicando não apenas o presente, mas também comprometendo as perspectivas futuras. A incapacidade de gerenciar efetivamente os recursos financeiros se torna um obstáculo significativo, criando um ciclo vicioso que pode perdurar por anos.

Ao enfrentar essas consequências, a urgência de abordar a questão da mentalidade financeira torna-se evidente. Esse tema busca não apenas destacar os desafios, mas também oferecer uma bússola para navegar pelo território financeiro turbulento com confiança e propósito. No próximo segmento, exploraremos estratégias tangíveis para fortalecer a mentalidade financeira em meio à tempestade econômica, proporcionando um caminho claro para aqueles que buscam não apenas sobreviver, mas prosperar em tempos difíceis.

1. Compreensão da mentalidade financeira

Em meio aos desafios financeiros, compreender a essência da mentalidade financeira é o primeiro passo crucial. Não se trata apenas de números em um extrato bancário, mas da atitude e da percepção que temos em relação ao dinheiro e às finanças. Em tempos de crise, a mentalidade financeira é a bússola que orienta nossas decisões e molda nosso relacionamento com os recursos disponíveis.

Definindo a mentalidade financeira: ela se refere à nossa visão sobre dinheiro, gastos e investimentos. É um conjunto de crenças e valores que influenciam nossas escolhas financeiras diárias.

Mentalidade fixa *versus* mentalidade de crescimento: aborda a diferença entre uma mentalidade fixa, que vê as finanças como estáticas e imutáveis, e uma mentalidade de crescimento, que encara desafios financeiros como oportunidades para aprender e evoluir.

Impacto da mentalidade financeira na tomada de decisões: destaca como essa mentalidade afeta diretamente as escolhas financeiras, desde o modo como lidamos com despesas diárias até a nossa abordagem em relação a investimentos e planejamento de longo prazo.

Adaptabilidade em tempos de crise: salienta a importância de uma mentalidade financeira adaptável. Em tempos de crise, a capacidade de ajustar perspectivas e estratégias financeiras é crucial para superar obstáculos e encontrar soluções inovadoras.

Exemplo prático: imagine duas pessoas que perderam seu emprego durante uma crise econômica. Aquela com uma mentalidade fixa pode ver tal situação como um beco sem saída, lamentando-se pela falta de oportunidades. Enquanto isso, alguém com mentalidade de crescimento enxerga a demissão como uma chance de explorar novos caminhos, investir em aprendizado e, eventualmente, encontrar uma carreira mais alinhada com suas paixões. Ao compreender a mentalidade financeira como um fator central em nosso relacionamento com o dinheiro, podemos começar a moldá-la de maneira consciente e positiva.

2. Estratégias para fortalecer a mentalidade financeira

Compreender a importância da mentalidade financeira é fundamental, mas é nas estratégias práticas que construímos as fundações para uma relação saudável e resiliente com o dinheiro. Durante uma crise, a aplicação dessas estratégias torna-se essencial para não apenas sobreviver, como também prosperar financeiramente.

- Orçamento eficaz: elabore um orçamento detalhado, identificando receitas e despesas. Isso oferece uma visão clara das finanças e possibilita a alocação eficiente dos recursos disponíveis.
- Priorização de gastos: em momentos de crise, priorize gastos essenciais. Avalie o que é fundamental para sua subsistência e ajuste seu estilo de vida.
- Planejamento financeiro a curto e a longo prazo: crie uma reserva de emergência para lidar com despesas inesperadas. Isso proporciona uma rede de segurança financeira durante períodos de instabilidade.
- Objetivos de longo prazo: estabeleça metas financeiras de longo prazo. Ter um horizonte claro ajuda a manter o foco e a motivação, mesmo diante de desafios temporários.
- Educação financeira contínua: mantenha-se informado sobre questões financeiras. A busca permanente por conhecimento proporciona as ferramentas necessárias para a tomada de decisões financeiras informadas.
- Recursos on-line e cursos: muitos deles estão disponíveis gratuitamente e oferecem *insights* valiosos. Aproveite!

- Desenvolvimento de habilidades de negociação: em situações de crise, a habilidade de negociar termos de pagamento faz a diferença. Entre em contato com credores para discutir opções viáveis e evite acúmulos de dívidas.
- Estabelecimento de metas realistas: defina metas financeiras realistas, levando em consideração as circunstâncias atuais. Metas alcançáveis promovem um senso de conquista, fortalecendo a confiança financeira.

3. Saúde mental e financeira

A interconexão entre saúde mental e bem-estar financeiro, é uma faceta frequentemente subestimada, especialmente em tempos de crise. A pressão financeira pode exercer um impacto significativo na saúde mental, e vice-versa. Nesse contexto, abordar as duas dimensões é muito importante para uma abordagem holística no enfrentamento de desafios econômicos.

- Impacto da pressão financeira na saúde mental: a incerteza financeira pode desencadear estresse e ansiedade, afetando negativamente o estado mental. Reconhecer essas emoções é o primeiro passo ao tratar da relação entre dinheiro e bem-estar emocional.
- Relação com a autoestima: o estado financeiro, muitas vezes, está ligado à autoestima. A dificuldade em lidar com desafios financeiros pode impactar a confiança e a percepção de valor próprio.
- Práticas para manter o equilíbrio: priorize o autocuidado, a fim de fortalecer a resiliência emocional. Isso inclui a práticas de exercícios regulares, sono adequado e momentos de relaxamento para mitigar o estresse.
- Comunicação aberta: estabeleça a comunicação aberta sobre questões financeiras em família. Compartilhar preocupações e buscar apoio mútuo fortalece laços e reduz o peso emocional.
- Buscar ajuda profissional: em situações de crise, procurar a ajuda de um profissional de saúde mental pode ser fundamental. Psicólogos e terapeutas especializados em questões financeiras oferecem suporte personalizado.
- Consultoria financeira: procurar a orientação de um consultor financeiro pode fornecer uma perspectiva objetiva e estratégias práticas para lidar com desafios econômicos.

- Equilibrar expectativas e realidade: aceitar as circunstâncias financeiras sem julgamento excessivo é essencial. Isso permite uma abordagem construtiva, focada em soluções, em vez de se perder em preocupação constante.

Após exploramos as fundações de uma mentalidade financeira sólida em meio a desafios, é hora de agir e transformar conhecimento em poder. Não se trata apenas de sobreviver, mas de prosperar em tempos de incerteza. É o momento de se tornar o arquiteto do seu futuro financeiro. Imagine um amanhã em que você não apenas enfrenta, mas supera desafios, transformando obstáculos em degraus para o sucesso. As estratégias práticas e histórias inspiradoras que compartilhamos são ferramentas poderosas em suas mãos. Comprometa-se hoje a moldar uma mentalidade financeira robusta.

- Trace metas audaciosas: visualize seus objetivos e trabalhe sistematicamente para alcançá-los. Cada pequeno passo é uma vitória na jornada para uma vida financeira mais plena.

- Assuma o compromisso do aprendizado constante: a educação financeira é a chave para tomar decisões informadas e construir um futuro financeiro sólido.

- Compartilhe conhecimento: passe adiante o conhecimento adquirido, inspirando amigos e familiares a também trilharem o caminho da estabilidade financeira.

Ao adotar esses princípios, você não apenas constrói um escudo contra as tempestades financeiras, mas também molda um futuro em que a prosperidade é uma realidade tangível. A jornada para uma mentalidade financeira resiliente começa agora. Desafios podem ser oportunidades disfarçadas. Por isso, abrace a jornada e descubra o que o futuro reserva a você, quando estiver financeiramente fortalecido e inspirado!

"Em tempos de crise, a mentalidade financeira não é apenas a chave para a sobrevivência: é a bússola que nos guia na jornada da prosperidade."

Daniele Mendes

Drika Anschau

Sou Drika Anschau, formada em Engenharia Mecatrônica, mas, ao longo da minha jornada, descobri a paixão pelo planejamento financeiro. Assim, há mais de seis anos, atuo na área de finanças. Trabalho com atendimentos personalizados, desenvolvendo projetos de planejamento e com educação financeira por meio de mentorias e cursos on-line.

Estudei Gestão Estratégica de Negócios, me especializei em Finanças, Investimentos e *Banking* pela PUC/RS e em Ações e *Stock Picking* pelo IBMEC. Sou registrada pela CVM como Consultora de Valores Mobiliários e certificada pela Anbima como Especialista em Investimentos (CEA). Além disso, concluí diversos outros cursos na área de inteligência financeira e finanças comportamentais.

Já ajudei centenas de famílias a conquistarem seu bem-estar financeiro, e isso é o que mais me motiva a continuar com esse trabalho!

drika.anschau

drikaanschau.com

drika.anschau@gmail.com

DINHEIRO *inteligente*

09 ORÇAMENTO INTELIGENTE: O PRIMEIRO PASSO PARA O SUCESSO FINANCEIRO

Por Drika Anschau

Você já parou para pensar que o dinheiro está presente, direta ou indiretamente, nas 24 horas do nosso dia? Desde nas situações mais corriqueiras do cotidiano, como a roupa que você vestiu hoje de manhã, que foi comprada com seu dinheiro, até em situações mais críticas, como o pagamento do tratamento médico de um familiar seu? O dinheiro permite comprar alimento para sua família, fazer um passeio no feriado, garantir o material escolar de seu filho e ter energia em casa para assistir a uma série, a fim de relaxar no final do dia.

Assim, a importância do dinheiro nas nossas vidas é óbvia; mesmo assim, o cuidado com ele é falho. Falar de dinheiro, para muitos, ainda é uma tarefa desafiadora, seja por falta de conhecimento ou por vergonha. Felizmente, tal situação tem melhorado ao longo dos anos, e a prova disso é você estar agora com este livro em mãos. O fato de termos obras a respeito do assunto e educadores financeiros criando tanto conteúdo sobre finanças hoje é sinal de que as pessoas estão entendendo que é preciso mudar esse cenário.

Um orçamento inteligente e um planejamento financeiro é o que quero lhe apresentar neste capítulo. Então, venha comigo para começar a entender como isso funciona.

Ciclos de vida financeira

Digo que existem três posições que podemos vivenciar em relação ao nosso orçamento doméstico.

A **posição -1** é a mais desconfortável para qualquer um. Trata-se daquela situação em que a pessoa tem as finanças em total desequilíbrio, gasta mais do que ganha, já possui dívidas – comumente, mais de uma – e é bem provável que esteja inadimplente com alguma delas.

Nesse contexto, o foco de uma reestruturação de orçamento deve ser a economia por meio da mudança de hábitos, além de entender sua real capacidade financeira para estipular um teto de gasto, a fim de poder colocar todas as contas dentro da receita mensal. Ainda, é importante verificar as possibilidades de renegociação de dívidas e juros, trocar uma dívida mais cara por outra mais barata, que caiba no novo orçamento.

Devemos lembrar que não basta cortar gastos, é preciso, também, gerar renda. Assim, deve-se buscar formas de aumentar a receita da família com renda extra, seja através de serviços pontuais ou da venda de objetos familiares não mais usados. Isso pode aumentar a velocidade com que essa família vá da **posição -1** para a **zero**.

A **posição zero** pode não ser tão incômoda quanto a anterior, mas é extremamente perigosa. Um orçamento na **posição zero** tem o mesmo potencial de evoluir para a **posição +1** quanto de cair para a **-1**. O orçamento na **posição zero** é confortável e cômodo. Nele, você ainda não poupa com frequência, não tem reserva ou investimentos, mas também não está devendo a ninguém. E, como não falta dinheiro no fim do mês, você vai levando a vida.

O principal problema dessa posição se dá quando há uma mudança inesperada na vida. E nem sempre o problema financeiro surge a partir de uma desgraça ou acidente. Pode ser uma oportunidade também, mas basta uma mudança inesperada, combinada com um orçamento engessado e um planejamento financeiro inexistente ou mal estruturado. Como não há segurança nem margem para erros, uma pessoa com orçamento na **posição zero** pode ser rapidamente levada ao endividamento, pois seu financeiro está frágil. Se você está em cima do muro, qualquer vento pode derrubá-lo. O **ponto zero** deve ser uma fase temporária, enquanto você se organiza para caminhar para o **+1**. Não desperdice o potencial de viver verdadeiramente bem, com conforto, segurança e experiências, busque sempre o **+1** da sua vida financeira.

Já a **posição +1** é o ciclo da prosperidade, do equilíbrio. Trata-se do orçamento organizado, com teto de gasto, meta de investimento e flexibilidade para lidar com pequenos imprevistos e oportunidades. É o orçamento que lhe oferece qualidade de vida no presente e segurança no futuro, por meio do uso consciente do dinheiro, proporcionando liberdade de escolha e autonomia. É aqui que todos queremos estar.

Classificando seu orçamento

Um orçamento doméstico não precisa ser uma estrutura complexa, em uma planilha cheia de fórmulas. Não tenho nada contra uma planilha bem completinha, mas, se você está começando agora e não tem familiaridade nem com um orçamento e nem com planilhas, não tem problema. Sou a favor de simplificar o máximo possível, para que esse cuidado financeiro seja um hábito fácil de ser incorporado na sua rotina e não tome muito do seu tempo, para não desanimá-lo.

Você pode classificar suas contas em três categorias: **básica, desenvolvimento pessoal** e **extra**.

A **básica** são seus gastos essenciais e de sobrevivência. São custos que, em sua maioria, não podem ser eliminados – serão apenas reduzidos em caso de necessidade. Os gastos básicos dizem respeito ao seu padrão de vida. São seus custos com moradia (aluguel/financiamento habitacional), água, energia, alimentação, transporte, escola e demais despesas essenciais.

A **desenvolvimento pessoal** representa seu investimento em crescimento pessoal, por meio de cursos extracurriculares, palestras, congressos, ou qualquer atividade que lhe permita adquirir conhecimento e que possa ser utilizado posteriormente para melhorar sua geração de renda. Também representa os custos com atividades que farão você ser mais produtivo e saudável, como despesas com atividade física, nutricionista e terapias.

Já a categoria **extra** é a que lhe proporcionará qualidade de vida, permitindo com que aproveite o momento presente. Ela compreende as despesas com *hobbies*, lazer, compras e alguns luxos adicionais aos gastos essenciais. Por exemplo, o mercado essencial da casa entra na categoria **básico**, mas uma compra diferente para um jantar oferecido em casa aos amigos, com um vinho e quitutes especiais, se enquadra como **extra**, assim como uma saída para jantar fora no sábado à noite. Aqui, um dos pontos mais importantes é não engessar essa categoria, ou seja, não torná-la fixa no seu orçamento. Isso normalmente acontece quando há muitas parcelas de compras no cartão de crédito ou em carnês de lojas. Os gastos extras nunca devem se tornar contas fixas.

A minha recomendação é a de que seus gastos **básicos** nunca representem mais do que 60% do seu salário. Isso é o que chamamos de viver um degrau abaixo do que se ganha. Tal cuidado vai lhe permitir ter um orçamento flexível, com dinheiro para aproveitar os momentos, com a possibilidade de fazer uma compra, um passeio e até de lidar com pequenos imprevistos, como comprar um remédio mais caro num determinado mês, ou fazer algum tipo de manutenção na sua casa.

Qual é o seu objetivo?

O começo de tudo é entender em que ponto você está e aonde deseja chegar. Acredito que, depois dessa explicação, todos queiram estar no **+1**, mas vou pedir que sejam mais específicos. Bem-estar financeiro é algo subjetivo. Meus objetivos financeiros podem não ter nada em comum com os seus.

Uma pessoa que tem como meta financeira se aposentar daqui a 30 anos vai precisar poupar menos do que alguém que deseja se aposentar com o mesmo valor em 15 anos. Para alguns, a estabilidade e a segurança falam mais alto, e estes talvez prefiram ter uma reserva de emergência maior e comprar uma casa. Para outros, talvez, a liberdade de locomoção seja mais importante, e a paixão por carros as faça ter como meta a troca do seu veículo a cada três anos.

Então, antes de cortar gastos de forma aleatória, é preciso saber quanto economizar e qual é o motivo desse reajuste de custos. Você vai reduzir 100 reais de uma conta e poupar para quê? A fim de investir na sua aposentadoria? Quitar uma dívida? Para economizar e viajar no fim do ano? A clareza sobre o destino que dará ao seu dinheiro é o que vai ajudá-lo a ter disciplina para manter esse orçamento sempre bem estruturado.

Implementando seu orçamento

Agora que você já sabe como identificar onde está e o que deseja conquistar, está na hora de transformar isso em números, para incluir teto de gasto nas suas categorias e meta de investimento de acordo com seus objetivos. Construa um orçamento do zero, um orçamento ideal, para compará-lo ao que você tem hoje e saber onde precisa fazer ajustes.

A ordem de estruturação e prioridades deve ser a seguinte: renda, investimentos, gastos básicos, desenvolvimento pessoal e gastos extras. Anote a sua renda mensal e subtraia dela o quanto você precisa poupar de acordo com suas metas e o quanto custam seus gastos básicos. O que sobra deve ser dividido entre desenvolvimento pessoal e extras.

O peso que cada um vai dar para cada categoria é pessoal, mas lembre-se de que o dinheiro é finito. Se você o coloca em um lugar, vai ter que tirar de outro. Então, saiba priorizar e escolher de forma consciente. Darei um exemplo de divisão entre as categorias que, na média dos atendimentos que já fiz até hoje, com um público entre 25 e 45 anos, é a proporção que mais acontece:

– investimentos = 20%;

– gastos básicos = 55%;

– desenvolvimento pessoal = 10%; e

– gastos extras = 15%.

Tenha em mente que esse é apenas um exemplo para você entender como funciona a divisão, e não uma regra.

O orçamento é a base de toda a sua estrutura financeira. Se ele não estiver bem projetado, nenhuma das outras áreas do planejamento financeiro se sustenta. Ele também não é imutável. Cada momento de vida tem seus desafios, exigindo um planejamento financeiro adequado para isso. E o seu orçamento precisa ser inteligente e se ajustar para acompanhar cada uma dessas fases.

Lembre-se de que o resultado é consequência do processo. Quando criamos consciência sobre nosso dinheiro, escolhemos melhor e com mais qualidade. Quando gastamos com o que é importante, deixamos de gastar com o que não é. Busque o seu bem-estar financeiro. Quando encontramos o equilíbrio, tornamos o processo sustentável ao longo do tempo.

O planejamento financeiro permite a você viver bem o presente, sem descuidar do futuro.

Drika Anschau

Elaine Lepeck

Eu me chamo Elaine Cristina Moser Lepeck, nascida em Brusque (SC). Sou casada com Alessandro Lepeck e mãe dos gêmeos Lucas e Bernardo. Uma mulher alegre, com Deus no coração. Gosto de desafios e mudanças. Formada em Administração pela Unifebe, concluí minha pós-graduação em Gestão de Negócio pela mesma instituição de ensino. Sou especialista em *Coaching* (IBC) e educadora financeira (Finpro). Desde muito cedo, amei empreender. Sempre tive pequenos negócios atrelados ao trabalho CLT, o que me proporcionou muita experiência. O contato com a vida financeira veio aos 19 anos, quando comecei a trabalhar em banco. Foram 13 anos dentro de uma instituição financeira, auxiliando cada pessoa atendida a encontrar o melhor caminho e a melhor solução financeira. Isso se relaciona à minha missão de vida, como agente de transformação na vida das pessoas.

financas.elainelepeck

elainelepeck@gmail.com

DINHEIRO inteligente

10 PSICOLOGIA DO CONSUMO CONSCIENTE

Por Elaine Lepeck

Para darmos início a este capítulo, primeiramente precisamos entender o que significam as palavras consumo consciente. Consumo quer dizer o que se gasta, e consciente, aquilo que envolve raciocínio, conhecimento, percepção, decisão. Ou seja, ao consumir, as pessoas tomam decisões; porém, nem sempre o fazem de forma consciente, pois é comum consumir por impulso. Neste capítulo, discutiremos o consumo consciente como uma prática de repensar hábitos, para que as pessoas tenham estilos de vida equilibrados, considerando o impacto positivo ou negativo que suas escolhas provocam no meio ambiente, na economia e na sociedade.

É muito comum observarmos a falta de consciência no consumo do dia a dia, como deixar a geladeira aberta por muito tempo sem que esteja sendo usada; deixar lâmpadas acesas sem ninguém estar no local; ou, até mesmo, manter as luzes dos aparelhos de TV, micro-ondas e ar-condicionado piscando. Quando ligados, esses eletrodomésticos consomem energia, e isso impacta negativamente no seu orçamento no final do mês.

Ao praticar o consumo consciente, estamos contribuindo para a preservação dos recursos naturais e a redução do desperdício. Isso significa planejar melhor as compras, refletindo sobre a necessidade real dos itens que desejamos adquirir e buscando alternativas mais sustentáveis. Além disso, podemos sempre tentar consumir itens mais duráveis, com baixa manutenção e até mais em conta, que irão atender a mesma necessidade de um produto mais caro, pois, muitas vezes, compramos a marca, e não o produto.

Existem muitos itens que são essenciais e que não temos como deixar de consumir, tais como alimentos e produtos de higiene, dentre outros que garantem nossa qualidade de vida. Mas você sabe a diferença entre comprar de forma planejada ou por impulso? O consumo é o ato de obter bens ou serviços por meio da compra, sendo necessária uma troca para que isso aconteça – troca essa que ocorre por meio do dinheiro. No nosso dia a dia, isso acontece ao abastecer um veículo, indo à padaria, ao supermercado, obtendo um plano de internet ou telefonia etc. Todos são itens que precisamos consumir para manter nossos gastos essenciais.

Mas esse consumo acontece também com itens não essenciais, como ir ao shopping e tomar um sorvete, a recarga do celular feita que não teve consumo total e perdeu o crédito, o plano de academia que você fez e não utilizou etc. Temos diversas formas de consumir, baseadas nos itens considerados essenciais ou em nosso estilo de vida (com o último devemos ter mais atenção).

Assim, trazendo à tona o consumo daquilo que não é essencial, falarei da diferença entre consumo e consumismo. Muito diferente do consumo, o consumismo não ocorre quando adquirimos algo para sanar necessidades essenciais ou garantir nosso conforto, mas, sim, para satisfazer nossos desejos, como compras feitas de forma desenfreada.

Em nosso cotidiano, podemos identificar quando uma compra é feita por impulso, pois ela afeta diretamente nossa saúde financeira, deixando o orçamento bagunçado e sem perspectiva de sobras. Além disso, ela afeta nosso humor, nosso sono e nos deixa com um considerável peso na consciência. Essas compras, normalmente, acontecem por recompensa, quando achamos que nós as merecemos. Elas costumam estar atreladas a uma frustração, tristeza ou, até mesmo, à alegria em excesso. Porém, na maioria das vezes, esse consumo gera satisfação imediata, e ficamos nos perguntando: "Será que eu poderia ter usado esse dinheiro de um jeito mais inteligente?".

O problema pode ser ainda mais sério quando essas compras são parceladas no cartão de crédito, pois pagaremos esse parcelamento por meses, comprometendo nosso orçamento. Uma dica muito interessante é que, antes de passar o cartão, você se pergunte:

- Eu realmente preciso comprar esse produto agora?
- Eu posso pagar por essa compra sem doer no bolso (seja à vista ou em parcelas)?
- Esse produto/serviço é algo que já estava no meu planejamento quando saí de casa?
- Minha situação financeira permite que eu gaste com isso sem faltar dinheiro para as minhas necessidades?
- Qual é a minha situação financeira no momento?
- O que me satisfaz mais: esse produto ou seu valor equivalente na minha reserva de emergência?

Essas perguntas vão gerar reflexão no ato da compra. Se agirmos de forma consciente, pararmos e analisarmos, possivelmente esses gastos não acontecerão. Uma outra alternativa é pensar nos três "P" da compra. Primeiramente, você deve analisar se **pode** consumir, considerando seu orçamento. Depois, você deve verificar se **precisa** do que está prestes a comprar: olhe para o seu armário, ou para itens semelhantes que possui. Por último, verifique o **preço**. Esse produto vale mesmo a pena? Ele está, de fato, em oferta?

Muitas vezes, consumimos só pelo preço de determinado produto estar bom; porém, aquela roupa está no armário há tempos sem você nem ter tirado sua etiqueta. Ou você realmente precisa de um certo item, porém está no auge da estação e vai pagar muito mais do que se aguardar a troca de estação e as promoções chegarem. São pequenos detalhes que fazem toda a diferença. E não estou dizendo para você deixar de consumir, mas sempre lembre que o boleto vai chegar para você pagar.

Se você não colocar em pauta a importância das compras com consciência, as chances de viver sempre no vermelho e não ter dinheiro para fazer o que realmente faria a diferença na sua vida, como viagens, estudos e gastos relacionados à saúde, são altas. Isso se dá porque os gastos excessivos são um obstáculo para uma vida financeira saudável e equilibrada e acabam levando as pessoas ao extremo, tirando seu sono quando estão endividadas.

Ter uma separação dentro do orçamento familiar é a melhor saída, ainda que o mesmo divisor não se adeque a todas as famílias e realidades. Porém, o mais próximo do ideal é a proporção de 50/30/20; ou seja, 50% da sua renda ser destinada aos gastos essenciais, 30% ao estilo de vida ou gastos não essenciais e 20% para reserva financeira. Nesse caso, eu dividiria 10% para uma reserva de emergência e 10% para liberdade financeira.

Mas, como dito acima, não há um modelo de finanças pessoais que funcione em um regime restrito, ou em um regime em que nada é deixado para o lazer, pois isso faz parte da nossa rotina de consumo. Além disso, muitas das atividades que mais nos dão prazer são atreladas às compras de algum produto ou serviço. O que se deve levar em conta é que existem decisões que impactam diretamente seu financeiro, como a aquisição de um veículo ou imóvel. Existem estudos que afirmam que essas decisões não devem ser tomadas no final do dia, pois estamos cansados após a jornada de serviço. Tampouco devemos fazer esse tipo de compra aos finais de semana, por estarmos muito relaxados. O ideal é sempre fazer esse tipo de escolha pela manhã, pois nossa cabeça está vazia e consegue tomar decisões mais assertivas.

Quando se tem um orçamento bem alinhado, seja por meio de planilhas, aplicativos ou anotações em caderneta, pode-se ter um olhar macro de como estão suas finanças. Com esse olhar, você terá condições de tomar melhores decisões. Uma boa substituição, que utilizo com meus clientes, é analisar se no supermercado você tem consumido em quantidade ou qualidade. Existem várias alternativas para reduzir gastos nessa ocasião. Por exemplo:

1- Leve sempre a lista de compras, pois sem ela você acaba comprando mais que o necessário. Às vezes, compra, inclusive, itens que você já tem em casa, sem precisar deles no momento.

2- Vá ao mercado semanalmente, ou quinzenalmente, e não todos os dias. Quando se vai diariamente ao mercado, o "risco" de comprar produtos sem necessidade é maior.

3- Substitua marcas. Hoje, não existem produtos ruins no mercado. O que existem são produtos que recebem mais ações de marketing, o que eleva seu preço. Todos os produtos mais caros têm um similar pelo qual podem ser substituídos.

4- Aproveite os dias de ofertas.

Há muitas maneiras de economizar. Se você e sua família têm o hábito de sair todos os fins de semana, que tal fazer, em uma dessas ocasiões, algo em casa: montar uma pizza, preparar um hambúrguer ou alguma coisa de que sua família goste? Além de passarem um momento juntos, com certeza o programa será muito mais barato do que ir a um restaurante. Se for o caso, faça isso uma ou duas vezes por mês. Rapidamente, você notará a diferença no seu orçamento.

O consumo consciente está ligado à moderação. Ao comprar somente o que precisa, sem exageros, você acaba gastando menos. Assim, sobra dinheiro para poupar ou investir. Mas claro que nem sempre a opção mais barata é a melhor. Às vezes, vale a pena gastar um pouco mais num item de qualidade, pois você sabe que aquilo vai durar bastante. A longo prazo, essa também é uma maneira de economizar recursos financeiros e ambientais, já que não haverá descartes com tanta frequência.

Analisando nossos hábitos de consumo, podemos, certamente, fazer compras mais assertivas, evitando o desperdício e fazendo com que tais aquisições caibam em nosso orçamento. Assim, você pode olhar para trás e saber exatamente para onde foi seu dinheiro durante o mês ou nos meses anteriores.

Caso você ainda tenha dificuldades ligadas ao assunto após ler este capítulo e não sabe se está sendo consumista, ou se seus consumos estão corretos, fica o convite para acessar o QR Code e entrar na minha página. Então, basta preencher um formulário, para ganhar uma análise de 30 minutos totalmente gratuita, para que você possa dar os próximos passos.

FINANCASCOMELAINELEPECK

Se você não colocar em prática a importância de fazer compras conscientes, as chances de viver no vermelho e não ter dinheiro são altas.

Elaine Lepeck

Érika Motoori

Eu me chamo Érika Motoori, tenho 37 anos, sou graduada em Administração de Empresas e tenho MBA em Gestão de Negócios. Sou fascinada por educação financeira e eternamente grata por esse conhecimento libertador. Atuo como gestora administrativa há mais de 18 anos e tenho formação em *Coaching* Financeiro. Meu propósito é destravar a mente das pessoas para que conquistem o controle total sobre suas finanças, tendo o dinheiro como aliado. Com uma boa estratégia financeira e conhecimento, é possível realizar sonhos.

erikamotoori.financas

+55 (11) 99360-5004

Erika Yuri Motoori

erikamotoori.financas@gmail.com

DINHEIRO *inteligente*

11 BENEFÍCIOS ATRELADOS AO CARTÃO DE CRÉDITO

Por Érika Motoori

Você já ouviu a frase: "cartão de crédito é só uma forma de pagamento"? É muito comum as pessoas vincularem o cartão a altos limites e o utilizarem, em algumas situações, como uma "extensão do salário". Assim, acabam perdendo o controle e se endividando, pois não conseguem honrar com o pagamento que vai se acumulando e gerando juros mensais (a famosa "bola de neve"). O cartão de crédito tem funções e benefícios poderosos. Se usado com sabedoria, em vez de despesa, pode gerar economia, sendo, inclusive, um gerador de renda extra. Sei que parece bom demais para ser verdade. Por isso, neste capítulo vamos explorar um pouco desse mundo e mostrar a importância de termos uma boa estratégia ligada ao conhecimento.

Com o avanço da tecnologia e até como forma de segurança e praticidade, ninguém mais quer usar dinheiro em espécie – e o cartão de crédito oferece essa solução ao usuário. Com uma análise de crédito relativamente simples, a instituição financeira libera o limite mensal e, a partir desse momento, a compra pode ser realizada. Basta passar o cartão na máquina ou aproximá-lo e pronto! Dependendo do valor da compra, é possível parcelar em até 12 vezes sem juros, deixando tudo ainda mais atrativo. Até aqui, falamos da função básica do cartão; porém, é importante mencionar que existem várias modalidades de cartão de crédito, como: Internacional, Gold, Platinum, Black e Infinite (que são disponibilizadas pelas instituições financeiras de acordo com o perfil de cada cliente). Cada um desses cartões está relacionado a um pacote de benefícios e vantagens, que vão desde programas de pontos para ganhar descontos no valor da fatura ou na compra de produtos e passagens, bem como acesso exclusivo a salas VIP nos principais aeroportos do mundo. Vamos, portanto, falar dos principais benefícios que temos hoje disponíveis no mercado atrelados ao cartão de crédito:

Cashback: é um clube de vantagens no qual o cliente recebe de volta uma porcentagem do valor gasto. Trata-se de uma maneira eficiente de estimular a fidelização, além de, a longo prazo, gerar economia.

Programa de pontos: muitas instituições possuem esse sistema. O acúmulo padrão é de 1 ponto a cada R$ 1 gasto, podendo ser alterado durante períodos promocionais, limitado ao acúmulo de 200 mil pontos por CPF. Esses pontos podem ser trocados por descontos na fatura, como é o caso do Itaú, em que a cada mil pontos você tem direito a R$ 2,00 de desconto. Além disso, é possível acessar lojas virtuais vinculadas a essa instituição e adquirir produtos com desconto, utilizando os pontos.

Uma curiosidade que vale a pena ressaltar é que essas instituições (em especial, os bancos), muitas vezes, com programas de pontos, têm parcerias com companhias aéreas. Logo, os pontos podem ser trocados por milhas, e as milhas por passagens, ou até mesmo dinheiro. Citarei abaixo as mais importantes.

Itaú e Banco do Brasil têm parceria com a Gol, Azul, Latam e TAP. Já o Bradesco tem parceria com a Livelo, que é um programa de pontos. As compras realizadas nas lojas parceiras geram pontos, que podem ser trocados por produtos, serviços ou experiências.

Agora, vamos explorar os melhores benefícios, vinculados à bandeira do cartão. Os mais conhecidos no Brasil e no mundo são Visa e Mastercard.

A Visa possui benefícios diferentes para cada nível de assinatura do cartão, dentre eles: Classic, Gold, Platinum, Signature e Infinite. São mais de 140 descontos vinculados a marcas e empresas diferentes.

Programa "Vai de Visa": por meio de uma parceria com vários estabelecimentos, proporciona descontos e vantagens para investir em estudos, saúde, gastronomia, seguros etc. Basta cadastrar qualquer cartão com essa bandeira e aproveitar. Imagine entrar no *site* e ver sua loja preferida com um benefício de 10% de desconto!

Benefícios para viagens: existe uma vasta lista nesta categoria. É muito importante pesquisar, pois as vantagens são "liberadas" de acordo com o tipo de cartão que você tem. Os mais comuns são descontos em passagens, aluguel de carro, seguro-viagem e compras no Dufry. Porém, existem vantagens mais exclusivas (vinculadas aos cartões mais "tops"), como o serviço de *concierge*, que oferece dicas sobre o local para onde você está indo viajar, coberturas em situações de atraso de voo ou perda de bagagem, bem como perda de conexão, emergência médica internacional e saque emergencial, dentre outras.

Visa Causas: trata-se de uma parceria com diversas instituições. É só se cadastrar e escolher a causa que deseja apoiar. A cada compra feita com o cartão, a Visa faz a doação de parte do dinheiro. As parcerias estão presentes em diversos segmentos, como os de causas animais, educação, crianças, idosos etc.

Na bandeira Mastercard, os benefícios e descontos também estão vinculados aos níveis de assinaturas do cartão. São eles:

Ofertas especiais Mastercard: parcerias com diversos estabelecimentos, desde lojas de calçados até serviços de aluguel de carros. Sempre que precisar comprar algo, consulte esses *sites* antes. Se tem direito ao benefício, por que não usufruir dele?

Mastercard Surpreenda: parceria com vários estabelecimentos com vantagens de "compre 1, leve 2". Esse é um dos benefícios mais famosos (atente-se às regras e aos prazos).

Benefícios para viagens: existem diversas vantagens nessa categoria. Dependendo do seu cartão, é possível ter uma economia significativa. Um exemplo disso é o cartão Black. Ao comprar uma passagem aérea com ele, você tem direito ao seguro-viagem de forma gratuita. Também é possível usufruir de sala VIP em diversos aeroportos no mundo, com benefícios como alimentação e bebida à vontade, até massagem e banho quentinho!

Serviço de garantia estendida original: ao comprar um produto com seu cartão Mastercard, você tem um período de garantia estendida. Não deixe de acessar o *site* e verificar as regras.

Mastercard Assist Black: quem tem cartão Black pode se beneficiar da proteção e segurança oferecidas pelo programa abrangente de assistência médica em viagens. Trata-se de despesas médicas e hospitalares no exterior (por acidente ou doença súbita), translado médico, translado de corpo, retorno de menores e despesas de traslados VIP.

A empresa conta, ainda, com o programa de fidelidade Mastercard Surpreenda, que libera ofertas, promoções e sorteios exclusivos para clientes que acumulam pontos a cada transação realizada com os cartões.

Especialistas financeiros afirmam que os benefícios valem realmente a pena para quem sabe administrá-los de forma inteligente. As milhas, por exemplo, podem ser interessantes aliadas na compra de passagens em promoção. Outra dica que vale a pena se refere aos parcelamentos. Procure fazer compras parceladas de bens de consumo duráveis, como eletroeletrônicos e móveis (que tenham vida útil superior a três anos, ou seja, sua usabilidade é mantida por todo esse período). Geralmente, o endividamento acontece com o parcelamento de bens de consumo não duráveis, como alimentos e bebidas, pois, geralmente, o consumo ocorre antes da quitação das parcelas. Então, para haver mais controle, é recomendado que o acompanhamento da fatura seja feito a cada três dias.

Quando usamos o cartão, devemos observar, também, a melhor data para a compra, sendo ela o dia seguinte ao fechamento da sua fatura. Veja, a fatura fechada ainda demora de cinco a dez dias até seu vencimento. Compras feitas no dia seguinte ao fechamento só serão cobradas em torno de 40 dias depois. Portanto, aquisições feitas nessa data são consideradas mais inteligentes, porque você pode demorar um pouco mais para iniciar seu pagamento.

Cuidado com compras on-line, os *sites* duvidosos podem furtar seus dados pessoais e aplicar golpes em seu nome! Por isso, antes de comprar on-line, pesquise sobre a marca, o CNPJ da loja, a razão social, formas de atendimento da loja, endereço da sede da empresa e sua reputação no Reclame Aqui. Também vale usar um cartão virtual temporário para compras em *sites*, pois ele pode ser facilmente excluído, se houver algum problema.

Uma dica de ouro é atentar-se à quantidade de cartões ativos. Em excesso, eles podem dificultar sua vida na hora de controlar as finanças, por terem limites, datas e faturas diferentes. Logo, é interessante que você tenha poucos cartões, ou mesmo só um, evitando que o acúmulo de faturas complique sua organização financeira.

O mais importante é prestar atenção aos riscos inerentes em cada situação para não ocorrer o uso descontrolado do cartão de crédito, pois a principal vantagem dele é você conseguir acompanhar seus gastos e verificar se as compras estão dentro do seu orçamento. É essencial usar o cartão de forma consciente e de acordo com a sua realidade.

Por anos, estudei os benefícios dos cartões de crédito e afirmo que a maior parte dessas vantagens não é utilizada ou acessada por falta de informação ou crenças limitantes. Vários alunos meus acreditavam que o cartão do tipo Black, por exemplo, era algo impossível de se conseguir, pois somente pessoas que ganhavam acima de 20 mil reais ou investidores teriam esse perfil. Ensino em minha mentoria que, por meio do conhecimento e do uso de estratégias inteligentes, qualquer pessoa pode ser elegível e ainda usufruir de benefícios incríveis, como jantar em seu restaurante preferido pedindo dois pratos e pagar somente o de maior valor.

Agora que você já conhece os principais benefícios do cartão de crédito, verifique com sua instituição financeira qual categoria mais se adequa à sua realidade e viva novas experiências. Como afirmou Francis Bacon: "Informação é poder". Então, estude e use o conhecimento a seu favor.

Sou planejadora financeira e ajudo você a encontrar soluções inteligentes para transformar sua vida! Entre em contato comigo: @erikamotoori.financas.

Com uma boa estratégia financeira e conhecimento, é possível realizar sonhos.

Érika Motoori

Guilherme Pecini

Sou pai do Leo, casado com a Juliana, filho e irmão de empreendedores. Acredito que o "tempo" é o nosso bem mais valioso; por isso, não podemos desperdiçá-lo. A liberdade financeira precisa estar acessível para todos, mas ela tem que chegar e ficar. Então, meu foco é direcionar você a ter um planejamento financeiro sólido e seguro para não "cair" facilmente, pois recuperar custa sempre mais caro do que construir, em todos os aspectos da nossa vida.

Sou contador, com mais de 15 anos de experiência em controladoria e auditoria contábil. Hoje, minha área de atuação está focada na construção de patrimônio por meio do consórcio. Meu propósito é ajudar as pessoas na conquista dos seus sonhos e da sua liberdade financeira.

Espero que goste do conteúdo. Caso tenha qualquer dúvida, estou à disposição. Obrigado!

guipecini.consultoria

+55 (11) 98208-2452

Guilherme Pecini

guilherme.pecini@gmail.com

GUIPECINI.CONSULTORIA

12 A IMPORTÂNCIA DO CONSÓRCIO NO PLANEJAMENTO FINANCEIRO

Por Guilherme Pecini

Você sabia que ganhar dinheiro é diferente de fazer dinheiro? Ganhar é quando você recebe uma quantia por doação, ou quando recebe um presente sem fazer nada em troca. E fazer dinheiro vem como um retorno do seu trabalho, recebimento de algum produto vendido, serviço prestado ou horas negociadas em troca de alguma atividade. Então, além de compreender que todo dinheiro tem um custo de aquisição, você também precisa estar ciente de que as horas gastas para fazer seu dinheiro não voltam mais.

Além do custo de aquisição, há o custo de oportunidade, que significa, basicamente, que aquele dinheiro que você fez e que pretende não usar nos próximos meses pode ser alugado para um terceiro e você receber um valor em troca. Esse aluguel já é um velho conhecido e responde pelo nome de rentabilidade. Portanto, não se engane em acreditar que gastar aquele dinheiro da sua carteira não vai lhe custar mais nada, só porque ele já teve um custo ao ser feito. O dinheiro tem um custo para entrar e para sair.

A fim de não depender financeiramente de terceiros e de construir sua própria liberdade financeira, você precisa estar ciente dos custos do seu dinheiro. Então, a partir de agora, você deve sempre avaliar se está usando seu dinheiro de forma inteligente ou não, em suas operações. Eu tenho um mapa e uma direção para você refletir sobre isso.

Um planejamento financeiro saudável precisa ter esses quatro fundamentos muito bem estruturados: entradas, liquidez, patrimônio e rentabilidade.

Separe suas entradas entre renda passiva e ativa. É importante que você se torne cada vez mais eficiente, ou seja, que faça mais dinheiro por mês, gastando menos horas. E lembre: nunca dependa de uma única fonte de renda.

Destine seus recursos em investimentos de curto, médio e longo prazo. É essencial que você não perca liquidez, de modo a não ficar em uma situação desfavorável. Para isso, deixe sempre um dinheiro livre e com mais disponibilidade. Entenda que o seu dinheiro pode acabar com facilidade, se você fizer mal uso dele ou se investir no "pote" errado. Portanto, mesmo que o capital esteja investido e rendendo, ele é um recurso finito. Qualquer descuido ou erro de estratégia vai fazer o seu dinheiro findar e prejudicar seu futuro.

Preservar ou aumentar seu patrimônio físico desempenhará um papel de segurança em sua carteira. Assim, é viável construir o que podemos definir como um recurso infinito, que atravessa gerações e que é valorizado ao longo do tempo. O sucesso é modelado e a grande maioria dos milionários investe em imóveis, também. Assim, você ficará mais protegido das eventuais falhas humanas. Ou seja, imóveis são ativos que não podem ser arruinados facilmente. Faça isso e você terá sua liberdade financeira com certa tranquilidade. Você já deve ter escutado a velha frase: "Quem compra terra não erra!".

Mas atenção, porque os imóveis têm baixa liquidez; logo, será necessário utilizar o recurso correto e com sabedoria nessas aquisições. Evite comprar imóveis com um dinheiro que lhe custe caro, como seu capital disponível e investido. Tenha em mente que esse dinheiro custou para ser feito e que vai sair caro para você repor esse caixa.

Porém, quando compramos imóveis com o consórcio, que tem um custo baixíssimo, formamos renda passiva também. Para tal, basta incluir o valor da prestação do consórcio no aluguel cobrado e você terá um terceiro pagando pelo seu patrimônio. Não vale a pena correr o risco de depender do INSS. Portanto, faça uso do crédito adequado (o consórcio) para melhorar a sua margem na construção de sua aposentadoria imobiliária.

Suas entradas, liquidez e patrimônios, juntos, precisam gerar uma renda passiva. Ou, na pior das hipóteses, não podem perder para a inflação ao longo do tempo. Portanto, mantenha o equilíbrio desde o início do seu planejamento e se preocupe em aumentar ambos – dinheiro e imóveis – na mesma proporção. Por isso a importância de comprar patrimônio com o dinheiro do consórcio, porque ele é mais barato e você ainda preserva o seu saldo de investimentos.

Você gostaria de poder sempre aproveitar as verdadeiras oportunidades de mercado e comprar sem prejudicar o seu caixa? Pense nos seus investimentos como uma máquina que precisa de combustível para funcionar, e seu combustível é o dinheiro. Se você tirar o dinheiro, o motor para de rodar. Então, deixe essa engrenagem sempre alimentada com combustível e evite resgates. O segredo, aliás, está nos aportes.

Mas como manter sua máquina com dinheiro e, ainda assim, comprar imóveis? Afinal, preciso do dinheiro para comprar, certo? A solução é usar recursos de terceiros, mas não qualquer recurso. Use o consórcio, porque a taxa cobrada é completamente irrelevante diante do rendimento dos outros investimentos. Ou seja: ele automaticamente se paga e ainda sobra. Você precisa pensar em maneiras de ser mais eficiente! O dinheiro do consórcio é um recurso inteligente devido ao seu baixo custo de aquisição.

Em vez de achar ruim o crédito e o parcelamento do dinheiro do consórcio, você deveria considerar que tal custo é a forma mais barata de alimentar a sua máquina e ainda formar um patrimônio sólido e seguro. Posso garantir que comprar com o consórcio, aliado aos seus outros investimentos, lhe dará condições de manter o equilíbrio entre o custo de aquisição e o custo de oportunidade do seu dinheiro. Faça isso e estará sempre pronto para aproveitar as oportunidades do mercado com o recurso mais barato e adequado.

Criando o seu próprio ciclo financeiro

O consórcio é um excelente exemplo de dinheiro inteligente, porque ele permite que você tenha acesso a uma quantia antecipada e pague parcelado por ela. Antecipar um dinheiro a custo baixo permite que você aumente suas entradas e crie uma fonte de renda extra, gerando mais dinheiro mensalmente, de forma passiva. Essa engrenagem se torna uma verdadeira máquina de fazer dinheiro inteligente, lembrando que a taxa do consórcio é completamente irrelevante perante o benefício e o rendimento conquistados nessa operação.

O que não fazer

Já que tudo isso é bem simples de entender, por que nem todos conseguem colocar esse aprendizado em prática? Onde as pessoas costumam errar? A ansiedade de querer pular etapas do processo acaba se tornando o grande vilão. Não é possível pegar atalhos, pois este é um planejamento que depende de tempo para dar certo. Existe um valor ideal para contratar seus consórcios, e é nesse ponto que você pode errar, assumindo um valor maior do que deveria. Coloque equilíbrio e constância na criação do seu patrimônio e deixe o tempo correr a seu favor. No momento da contemplação, você destina o recurso para onde achar mais conveniente naquela situação.

Construindo com o consórcio

O consórcio também pode ser usado para reformas e construções. Veja o exemplo de um construtor que gasta, em média, 500 mil reais e um período de oito meses para finalizar uma obra e como ele pode melhorar sua margem com o consórcio.

Caso aconteça algum imprevisto durante a obra, você estará com sua verba completamente comprometida, se não estiver usando o consórcio. Quer dizer: está trabalhando sob pressão e, nessas condições, toma decisões menos qualificadas. (E nem mesmo estou considerando a hipótese de você ser obrigado a parar a obra por falta de verba.)

Porém, se você usar o dinheiro do consórcio, não fica descapitalizado. Você segue com a sua obra, usando um recurso de baixíssimo custo, e mantém o seu dinheiro em conta. Ou seja, isso tira até sua pressa de vender rápido, porque não precisa mais recuperar o seu caixa. Além disso, pode ganhar com a própria valorização desse imóvel construído, ao longo do tempo. Você ganha margem no negócio, coloca velocidade na construção e preserva seu dinheiro.

Ponto de atenção

Fundos imobiliários jamais devem ser comparados com investimento em imóveis físicos. Vejo muitas pessoas fazendo esse tipo de comparação na internet e, até mesmo, colocando-os lado a lado para comparar qual é o melhor, e isso é um erro básico. Geralmente, tais comparações são feitas com objetivos comerciais.

Fundos de investimentos imobiliários (FIIs) se dão por meio de cotas, e isso não significa que investir em FIIs o torna dono de algum imóvel desse fundo. Seria como comparar o fato de você abrir uma loja da iPlace no shopping com investir em ações da Apple. São investimentos distintos e qualquer comparação nesse sentido precisa ser filtrada com bastante cuidado.

A comparação é livre, mas vale a reflexão para saber se você está sendo estimulado a interesses comerciais ou não. Aliás, você pode ter ambos: FIIs e imóveis físicos (juntos) vão garantir uma diversificação bem interessante à sua carteira, inclusive.

Como fazer renda extra

O consórcio também permite que você venda a sua carta após a contemplação por um valor maior do que você desembolsou até então. Logo, você poderá fazer o que quiser com esse lucro, inclusive alimentar mais ainda a sua "máquina de fazer dinheiro". Isso funciona com um trade da carta de consórcio: comprou na baixa e vendeu na alta. Sua carta contemplada sempre terá um valor alto de comércio por conta da oferta e da demanda do mercado, o que lhe permitirá fazer renda extra, livre de riscos e protegida pela Lei n° 11.795/08.

Uma vez que o consórcio é um produto de crédito, você não precisou colocar nele todo o seu dinheiro para aguardar o retorno, como funciona normalmente com os outros investimentos. O resultado chegou apenas por se manter ativo, pagando uma parcela baixa por mês.

Você já percebeu que o consórcio é bom e moderno; agora, só precisa saber se está preparado para iniciar o seu. Para isso, busque a orientação e ajuda de um profissional especialista.

É melhor começar tarde do que não começar. Não deixe que a sua ansiedade atrapalhe seus planos.

Guilherme Pecini

Hugo Scarpelli

Eu me chamo Hugo, sou natural de Belo Horizonte (MG); atualmente, resido em São Paulo.

Sou advogado, especialista em Planejamento Sucessório e Tributário. São mais de 10 anos de experiência atuando em parceria com importantes seguradoras, bancos e multinacionais. Fui fundador de duas corretoras de seguros, um escritório de advocacia e, por último, um grande escritório de investimentos. Atuei sempre na formação e no treinamento de equipes técnicas e comerciais. Além da formação e de especializações, tenho as certificações da OAB, Susep, FBB100 e PQO-B3 em Ancord.

hugoscarpelli

Hugo Scarpelli

DINHEIRO *inteligente*

13 A IMPORTÂNCIA DO PLANEJAMENTO DE APOSENTADORIA

Por Hugo Scarpelli

Você, assim como eu, deve estar em plena atividade. Trabalhando, cheio de saúde e com muita garra para conquistar todos os seus sonhos. Já deve ter chegado a uma fase da vida em que o salário já não é tão baixo e, por conta disso, você até se permite realizar alguns desejos, sem culpa e com tranquilidade. Mais do que isso, você está entre o seleto grupo de brasileiros – considerando que está lendo um livro sobre finanças e investimentos – que consegue guardar uma parte do que recebe.

Caso você ainda não consiga guardar uma parte do seu salário e não saiba por onde começar a investir seu dinheiro, não se desespere; afinal, nunca é tarde para começar, e este capítulo pode ajudá-lo nessa missão. Tudo isso é muito bonito e inspirador, mas eu estou aqui falar de outra coisa: aposentadoria. Isso mesmo: no auge da sua juventude, eu vim falar sobre o seu futuro e qual é a relação dele com a sua aposentadoria.

"Ah, mas é muito cedo pra isso! Eu ainda estou vivendo o presente e só vou começar a pensar nessa fase da minha vida quando estiver mais velho. Neste momento, estou investindo meu dinheiro para conquistar o que desejo agora, mais a curto prazo". Eu também já pensei exatamente como você – mesmo trabalhando com finanças. Na minha cabeça, não fazia sentido ficar pensando na minha aposentadoria com tanta antecedência, já que, pelos meus cálculos, eu ainda teria muito mais tempo trabalhando do que, de fato, sem trabalhar.

Porém, para a nossa sorte, meu pensamento com relação a esse tipo de planejamento mudou, o que vem transformando drasticamente o meu jeito de pensar sobre meu futuro. E é isso que eu quero fazer com você até o final deste capítulo: mudar a sua ideia sobre o que é aposentadoria e mostrar por que razão é tão importante pensar a respeito dela o quanto antes. Você está pronto para embarcar nessa jornada?

A aposentadoria no Brasil

Não se apavore. Pensar como você vem pensando não é uma exclusividade sua. Você não está sozinho nesse mar de infinitas possibilidades que é a aposentadoria. Segundo uma pesquisa do Relatório Global de Sistema Previdenciário 2020, cerca de 90% dos brasileiros com mais de 25 anos não guardam dinheiro para a aposentadoria. A pesquisa ainda avança ao mostrar que o Brasil, apesar de ter uma população não preocupada ou não preparada para guardar dinheiro para a aposentadoria, ocupa a 43ª posição no ranking de países que apresentam um benefício específico para isso. Em 2020, quando a última pesquisa foi realizada, o benefício da aposentadoria para os brasileiros representava cerca de 60% a 80% da renda atual. Isso significa que, a depender do valor automaticamente reservado pelos sistemas públicos de previdência, o trabalhador que se aposenta terá de 60% a 80% de sua renda quando parar de trabalhar.

Esses números, embora quando comparados aos de outros países da América do Sul não sejam ruins, assustam os pesquisadores, uma vez que, mesmo com a reforma previdenciária e com um cenário econômico que tende a melhorar gradativamente, ainda vivemos em um país marcado pela desigualdade social.

"O que isso tem a ver com a aposentadoria?", você deve estar se perguntando. E a resposta é: tudo. Isso porque boa parte da população economicamente ativa (dos 25 aos 64 anos de idade) não consegue poupar dinheiro para sua aposentadoria, e o cálculo da aposentadoria assegurada pelos sistemas públicos se mostra insuficiente para manter a vida das famílias. Esse cenário nos mostra um futuro não muito otimista, no qual as pessoas aposentadas terão de seguir trabalhando para complementar o benefício recebido pelo governo. O cenário, colocado dessa forma assusta, não é? Por essa razão, a ideia é começar a pensar em aposentadoria o quanto antes.

Como começar a planejar a aposentadoria

Não há nada na vida que seja mais assustador que o começo das coisas: tudo é novo, não sabemos o que fazer, para onde ir e como agir. E, neste momento, você deve estar pensando: "Meu Deus, vou ter que trabalhar para sempre e nunca vou conseguir poupar dinheiro para a minha aposentadoria!". Se estiver, se acalme, há um caminho possível. E o primeiro passo, por mais óbvio que seja, é um só: comece pelo começo. Quando eu digo isso, quero que você entenda que será preciso ter um pouco de paciência e dedicação da sua parte para compreender exatamente o que você quer em relação à sua aposentadoria. Não podemos planejar nada sem sabermos o que queremos. Por isso, antes de falarmos dos tipos de aposentadoria possíveis e como o seu dinheiro pode ser investido em cada uma delas, você deve dar um passo para trás e pensar no amanhã.

Essa é a hora de pegar papel e caneta e começar a traçar o seu futuro. É possível ter a aposentadoria dos seus sonhos, desde que você teça um plano dentro das suas possibilidades de renda e de tempo de trabalho para chegar lá. É fundamental que você entenda desde o início que o seu futuro, exatamente como você deseja, dependerá da sua força de trabalho e organização financeira, porque se trata de uma realidade em que é preciso trabalhar para ganhar dinheiro. Por isso, não desanime e nem desvalorize o que você tem, hoje. Pode não ser muito, mas com um pouco de organização e planos bem traçados conseguimos melhorar esse cenário. A seguir, você terá acesso a um guia passo a passo que o levará a construir um planejamento sólido para a sua aposentadoria. Então, tenha papel e caneta em suas mãos. E nada de preguiça para responder às perguntas! Quanto mais detalhista você for, melhor será seu planejamento.

Planejando sua aposentadoria

O questionário a seguir servirá de base para definir os cálculos da sua aposentadoria. Responda-o com calma e com muita sinceridade, combinado?

1. Com quantos anos quero começar a planejar a minha aposentadoria?

Esta pergunta pode estar relacionada ao seu plano futuro ou ao seu momento atual. Por exemplo, você pode querer começar imediatamente, mas não terá renda suficiente agora, porque está terminando de pagar a faculdade ou quitando uma dívida. Mas isso não o impedirá de começar. Coloque como resposta a idade possível, na qual você calcula que conseguirá tirar uma parte do seu salário para investir na sua aposentadoria.

2. Qual é a minha expectativa de vida?

Esta, mais uma vez, é uma pergunta que vem repleta de camadas. Isso não depende de você, é claro. Mas pense na sua relação com o trabalho, e calcule quanto tempo da sua vida você quer viver sem trabalhar, sem ter de se preocupar com trabalhar para viver bem.

3. Qual é a minha necessidade de renda?

Trata-se de uma pergunta bem pontual e que deve ser encarada com muita seriedade; afinal, você deve saber exatamente de quanto dinheiro precisa para manter a vida que tem hoje. Nessa resposta, procure fazer o cálculo de quanto gasta para viver e manter o seu padrão de vida atual, acrescentando um porcentual para os anos futuros. Por exemplo: hoje, você precisa de R$ 5.000,00 para se manter, pagando todas as suas contas e se permitindo realizar o que deseja. De quanto precisará para manter a mesma vida, em cinco anos?

4. Tenho outras rendas projetadas para a minha aposentadoria?

É nesta parte que entra sua organização financeira. O que você faz para investir o seu dinheiro, atualmente, também refletirá na sua aposentadoria. Por exemplo: no futuro, você contará com quais fontes de renda? Com a aposentadoria pelo INSS? Com os aluguéis de imóveis comprados ao longo da vida? Com juros de investimentos? Ativos? Aqui, deve entrar todo o seu planejamento financeiro.

5. Por fim, como pretendo começar a poupar para a minha aposentadoria?

Aqui, entra o conteúdo que você verá a seguir: qual modalidade será escolhida para formar a minha aposentadoria? Ou, em outras palavras, que tipo de investimento você escolherá para direcionar uma parte do seu ganho atual, focando, exclusivamente, na sua aposentadoria? Portanto, responda a esta pergunta depois de concluir a leitura do próximo item deste capítulo.

Planos de previdência

Ao contrário do que muita gente imagina, os planos de previdência existem, sim. Mais do que isso, eles apresentam diversas vantagens na hora de pensar em sua aposentadoria. Eles servem para facilitar sua vida; portanto, quanto mais você conhecê-los, mais acertada será a escolha do plano que se adequa ao seu perfil e objetivo.

Primeiramente, é preciso que você entenda que a previdência privada nada mais é do que uma alternativa para complementar a previdência pública, que é garantida pelo governo caso você tenha um contrato CLT, seja funcionário público ou recolha os impostos do INSS de maneira independente. Na prática, os fundos de previdência funcionam como as outras modalidades de planos de investimentos. A única diferença entre eles é que a sua finalidade é ser um canal no qual investidores guardam recursos para sua aposentadoria.

Percebeu que agora usei a expressão fundo de previdência, e não plano de previdência? Foi de propósito! Ambos existem e são oferecidos no mercado. A diferença é que os **planos de previdência** são pacotes fechados, oferecidos por bancos e/ou corretoras financeiras e geridos por essas instituições, de forma que, em um determinado prazo, a pessoa tenha um valor retornado para a aposentadoria.

Já os **fundos de previdência** são os meios de investimento em si. Ou seja, quem contrata um plano de previdência terá o dinheiro investido em um fundo. Nessa modalidade, quem gere a carteira de investimentos é quem define que ativos comprar e vender, e os resultados dessas ações serão revertidos na sua aposentadoria. Dentre essas modalidades, existem, ainda, os diferentes tipos de juros.

Porém, nesta etapa, o mais importante é que você entenda a real importância de poupar uma parte da sua renda para a sua aposentadoria. Depois, é só amadurecer, estudar os melhores fundos e planos e dar início à sua aposentadoria. Bora começar?

Nunca é tarde para começar a pensar no seu futuro.

Hugo Scarpelli

Laís Mendonça

Meu nome é Laís Mendonça, de Belo Horizonte (MG). Sou ciclista, motociclista e católica. Amo minha família, gosto de estar com os amigos, adoro viajar e quero conhecer o mundo. Ouvir música e comer são meus *hobbies* favoritos.

Sou pós-graduada em Gestão de Projetos e mentora de finanças pessoais. Sempre gostei de ter uma organização financeira e quis unir minha afinidade com finanças pessoais à minha inspiração em ajudar pessoas, fazendo deste meu propósito de vida.

Tenho um projeto social (@rondanoturnakairos) do qual me orgulho muito. Estou aqui para lhe mostrar os benefícios da organização financeira pessoal e ajudá-lo a conquistar seus objetivos financeiros. Me siga no Instagram!

financascomlais

+55 (31) 99497-4624

contatolaisfinancas@gmail.com

DINHEIRO
inteligente

14 A PSICOLOGIA DOS GASTOS: CONTROLE DE IMPULSOS FINANCEIROS

Por Laís Mendonça

Desde a adolescência, sempre acreditei que o universo das finanças era mais do que apenas números. Sabia que deveria ter domínio sobre meu dinheiro e que precisaria gerenciá-lo. Compreendia que não se tratava apenas da quantia que ganhava, mas também das escolhas que fazia com o meu dinheiro.

Naquela época, não entendia como algumas pessoas conseguiam gerenciar suas finanças, enquanto outras gastavam sem limites ou, pelo menos, sem ter um orçamento mensal. Contudo, esse entendimento sobre como lidar com o dinheiro, aliado ao interesse em ajudar as pessoas, me tornou o que sou hoje: mentora de finanças pessoais. Desde então, tenho me dedicado a estudar e aprofundar meu conhecimento em finanças comportamentais – o foco deste capítulo –, destacando a importância do controle de impulsos financeiros. Este conteúdo inclui exercícios práticos para serem aplicados em sua vida.

O problema é universal: somos seres suscetíveis a impulsos e, na maioria das vezes, guiados por emoções passageiras. Ao entrar em uma loja ou navegar por *sites* de compras, somos confrontados com descontos e ofertas sedutoras, que desafiam nossa capacidade de resistência. Esse comportamento impulsivo pode se manifestar em diversas áreas da vida cotidiana: no supermercado, onde tentações de produtos aparentemente essenciais surgem a cada corredor, ou na busca por um lazer que proporcione prazeres imediatos.

Assim, estamos constantemente enfrentando desafios para resistir a impulsos guiados por emoções momentâneas. Essas decisões, justificadas como recompensas, são tomadas de forma inconsciente e, muitas vezes, automáticas. E é nesse ponto que, frequentemente sem perceber, as pessoas acabam ultrapassando seus limites financeiros e adquirem coisas que não são necessárias. Com isso, contraem dívidas e se veem presas em um ciclo vicioso entre arrependimento e a sensação de que "não estão alcançando seus objetivos". Assim, as metas financeiras ficam cada vez mais distantes. Nesse momento, é inevitável o questionamento: "Para onde está indo o meu dinheiro?".

A incapacidade de atingir as metas financeiras trava os nossos projetos pessoais e profissionais, sabotando o potencial de crescimento e realização. Além disso, a falta de uma reserva financeira adequada deixa as pessoas vulneráveis a imprevistos, gerando uma instabilidade que compromete a capacidade de enfrentar desafios emergenciais. Por exemplo, quando seu carro estraga e você não tem dinheiro para a manutenção, tendo que recorrer ao cartão de crédito ou cheque especial, o que pode se tornar uma dívida de juros altíssimos. Portanto, compreender e superar a má gestão financeira não é apenas uma questão de estabilidade econômica, mas um caminho essencial para uma vida mais plena e equilibrada.

Para controlar os impulsos financeiros, é crucial entender a psicologia por trás desses comportamentos. O problema é mais simples de resolver do que se imagina. Mas, para isso, é necessário ter consciência dos gastos. E faremos isso trazendo luz ao orçamento financeiro pessoal e começando a entender padrões, tais como comprar por impulso, não estabelecer limites de gastos, ter um estilo de vida acima do que seu padrão permite e comprar sem considerar o orçamento. Apesar de a solução do problema ser simples, mudar esse padrão de comportamento não é fácil. Para isso, teremos que andar na contramão daquilo a que estamos acostumados. Ou seja: ir contra o nosso cérebro, que tenta nos manter na inércia e foge de tudo o que lhe é desconhecido. Logo, para que possamos compreender a psicologia por trás desses comportamentos, é necessário introduzir o conceito de finanças comportamentais.

Entende-se por finanças comportamentais a área que estuda como as pessoas, ao lidarem com o dinheiro, frequentemente agem por influência de emoções, hábitos e formas de pensar que podem não ser totalmente racionais, em vez de simplesmente pressupor que todas as decisões financeiras são tomadas de maneira lógica.

Ao contrário do que muitos pensam, nossos resultados financeiros são 80% fruto de nossos comportamentos e apenas 20% são fruto dos números. Essa visão é apresentada por renomados estudiosos, como Daniel Kahneman e Richard Thaler. Ou seja, é importante ter hábitos, crenças e comportamentos que o direcionarão a uma vida financeira saudável.

Edward de Bono é um psicólogo maltês, médico, inventor e autor que introduziu o conceito de "pensamento do *iceberg*" em seu livro *Lateral thinking*. Nessa analogia, ele compara o pensamento humano a um iceberg, do qual apenas uma pequena parte está visível, conhecida como consciente, enquanto sua maior parte está submersa no subconsciente. Na parte consciente, temos os desejos, as atitudes e vontades, todos alimentados pelo conteúdo presente no subconsciente, que abriga crenças, pensamentos e sentimentos. Um exemplo ilustrativo para entender a influência do subconsciente é se questionar o que afundou o Titanic. O Titanic não foi afundado pela parte do gelo que estava para fora, mas por sua parte submersa.

Entendido isso, é importante sabermos que tomamos decisões muito mais influenciadas pelo nosso subconsciente, que é valorizado, determinado e construído a partir de nossas crenças. Pense bem: crença é tudo aquilo em que a gente acredita. Então, por mais que eu expresse uma ideia, se a crença do outro for diferente da minha, ele não vai aceitar o meu ponto de vista. Por exemplo, se eu falo que é possível aumentar a sua renda e você não acredita, não há o que te faça mudar de ideia, pois as crenças estão enraizadas em nosso subconsciente.

Tais convicções são formadas de duas maneiras: por repetição ou por forte impacto emocional. Se, por acaso, você enfrentou desafios financeiros na infância, testemunhou a separação de seus pais devido a essas questões ou observou alguém enfrentando dificuldades financeiras, tais experiências podem criar um impacto emocional forte. Consequentemente, você estará propenso a desenvolver receios em relação ao gerenciamento financeiro. Esses pensamentos podem se manifestar na crença de que "dinheiro só gera problemas", de que você "não tem habilidade para lidar com finanças" ou, ainda, que "nunca será capaz de gerenciar dinheiro". Tais crenças têm o poder de influenciar negativamente nossas decisões e comportamentos financeiros. Logo, é importante eliminar essas convicções, pois nossos pensamentos criam sentimentos, que geram ações; e assim serão os resultados em nossa vida.

Se uma das maneiras de formação de crenças se dá pela repetição, é desse mesmo modo que construiremos crenças positivas em nosso subconsciente. É preciso fazer declarações, ou seja, substituir arquivos limitantes, que são crenças negativas, por arquivos de riqueza, que são as afirmações positivas. Isso permitirá a cada um de nós tomar decisões mais conscientes e saudáveis em relação ao dinheiro. No livro *Quem pensa enriquece: o legado*, Napoleon Hill fala sobre o poder da afirmação positiva, a qual chama de "autossugestão", como um dos passos rumo à riqueza. Esse é o primeiro exercício prático que você deve aplicar em sua rotina diária.

Portanto, escreva afirmações positivas, como: "Eu nasci para viver uma vida abundante", "Obrigada pela prosperidade na minha vida!", "Eu crio meu próprio grau de sucesso pessoal e financeiro", "Eu posso!" "Eu mereço!" "Eu sou capaz"; dentre outras que você gostaria de incluir. Após definidas as afirmações positivas, leia cada uma delas em voz alta, todos os dias. Enquanto lê essas frases, acredite no que está afirmando e acrescente emoção e sentimento, para que tudo fique gravado no seu subconsciente. Esse exercício lhe ajudará a ter novos resultados na vida e, consequentemente, auxiliará no controle dos seus impulsos financeiros, que são direcionados pelas crenças negativas.

Neste capítulo, falei sobre a importância de trazer a consciência para nossas escolhas, pois ela atua como uma barreira contra comportamentos impulsivos. Quando estamos conscientes de nossas ações, somos menos propensos a agir por impulso, o que, muitas vezes, leva a gastos indesejados ou não planejados. Uma maneira de ativarmos a nossa consciência se dá por meio de perguntas. Esse será o segundo exercício prático que você deve aplicar em sua rotina. Você usará o método "QUE - ME - PRE - PO - DE". Trata-se de cinco perguntas que deverá fazer a si mesmo antes de comprar algo que está fora do seu orçamento, para que você não adquira nada por impulso, levando a consciência ao momento da compra.

Pergunte-se: eu quero mesmo isso? Eu preciso disso? Eu posso comprá-lo à vista? Eu deveria fazer isso agora? Se você respondeu "sim" a todas as perguntas, siga para o próximo passo (lembrando que o objetivo deste exercício não é eliminar todos os gastos, mas torná-los conscientes e alinhados aos seus objetivos financeiros de longo prazo). A prática consistente dessas estratégias contribuirá para uma abordagem mais consciente e saudável em relação ao dinheiro.

Agora que você aprendeu a substituir decisões impulsivas por escolhas ponderadas, estará não só controlando seu orçamento mensal, mas conseguirá planejar um futuro financeiramente estável.

Convido você, leitor, a trilhar esse caminho de descoberta e fortalecimento financeiro. Minha mentoria está disponível para orientação personalizada, proporcionando ferramentas práticas e *insights* valiosos, a fim de moldar um futuro financeiro seguro e próspero. Aprender a dominar os impulsos é um investimento em si mesmo, não apenas com o objetivo de garantir estabilidade imediata, mas para construir uma base sólida para todas suas conquistas futuras. Dessa forma, você alcançará o equilíbrio financeiro que merece.

Redefina sua narrativa financeira: cada escolha é um capítulo, e o protagonista do seu sucesso é você. Seja autor da sua prosperidade!

Laís Mendonça

Maíza Nascimento

Sou Maíza Nascimento, economista, financista, analista CNPI, mestre em Finanças e certificada pelas universidades Harvard Business School, The University of Chicago e Frankfurt Business School. Atualmente, moro na Islândia.

Administro um conglomerado de empresas há mais de 10 anos e, em 2022, resolvi também dividir minha experiência em finanças, ajudando dezenas de mulheres a saírem do endividamento por meio de investimentos. Nada me deixa mais feliz do que ver os resultados de um bom planejamento financeiro, seja no âmbito pessoal ou empresarial.

Meus perfis no Instagram são estes abaixo, de finanças pessoais e finanças corporativas, em que compartilho diariamente conteúdos sobre finanças que vão, certamente, trazer prosperidade para sua vida.

fin.maizanascimento

maizanascimento.co

DINHEIRO *inteligente*

15 ESTABELECENDO METAS CLARAS

Por Maíza Nascimento

Bem-vindo ao capítulo que pode ser o divisor de águas em sua jornada pessoal e profissional. Estabelecer metas claras vai muito além de definir aonde se quer chegar. Você só consegue estabelecer metas quando sabe onde está. Afinal, como traçar um caminho até o destino se não se sabe o ponto de origem? Nestas páginas, exploraremos o poder das metas bem definidas, inseridas em um contexto de autoconhecimento, e como elas podem transformar sonhos em realidades tangíveis.

Todo objetivo, não importa o campo ao qual pertença, deve ser quebrado em metas. Para tornar isso mais ilustrativo, vamos supor que estamos planejando uma viagem da Bahia ao Uruguai de carro. Chegar ao Uruguai, portanto, é o nosso objetivo, enquanto todas as paradas que devemos fazer ao longo do caminho são nossas metas. A cada parada, uma meta é cumprida. À medida que essas metas vão sendo cumpridas, a distância para alcançar o objetivo vai sendo reduzida. Isso o torna mais motivado e engajado com o progresso da conquista do destino. Daí, podemos concluir a importância do estabelecimento de metas claras. Quando você tem um objetivo claro em mente, pode avaliar melhor as opções, com base em como elas contribuem para o alcance desse objetivo. E isso gera melhores decisões.

Outro benefício de se ter metas claras é que elas possibilitarão uma melhor gestão de recursos. Você pode alocar seu tempo e dinheiro de maneira mais eficaz quando sabe o que almeja alcançar. Isso também o ajuda a priorizar tarefas e atividades, aumentando, então, sua produtividade.

E, como supracitado, o processo de definir metas claras também promove o autoconhecimento. Ele força você a refletir sobre o que realmente deseja conquistar e o principal motivo de fazê-lo. Isso nos leva à conclusão de que atingir metas estabelecidas contribui para o crescimento pessoal e o desenvolvimento de habilidades importantes, como planejamento, organização e autodisciplina. Mas, muito além disso: traçar primeiramente objetivos e, por consequência, metas, nos dá **propósito de vida**. Porém, para ter todos esses benefícios, é necessário que o conjunto de metas tenha alguns adjetivos. E, para uma melhor execução, apresento o método SMART.

Trata-se de uma técnica de definição de objetivos usada para criar metas claras e alcançáveis. O acrônimo SMART representa, em inglês, cinco critérios que ajudam a garantir que suas metas sejam bem definidas.

A primeira letra (S) exige que as metas sejam **específicas** (*specific*). Elas precisam detalhar o que você quer alcançar. Uma meta específica responde às perguntas fundamentais: Quem está envolvido? O que quero realizar? Onde isso acontecerá? Quando? Por que essa meta é importante? Em nosso exemplo anterior, para responder ao método, devemos estabelecer os pontos de parada de forma clara e detalhada. Assim, precisamos colocar todas as cidades em que faremos as paradas necessárias, definindo as devidas datas e os motivos principais, sejam eles para descansar ou turistar.

A segunda letra (M) impõe que haja a possibilidade de **mensuração** (*measurable*) das metas. Metas mensuráveis têm critérios claros para medir o progresso. Isso permite que você acompanhe o avanço e saiba exatamente quando a meta foi alcançada. Na nossa viagem, podemos mensurar o quanto de combustível usaremos até as chegadas nos pontos de parada e quanto tempo levaremos para chegar a cada uma delas.

Já a terceira letra (A) demanda que as metas sejam **alcançáveis** (*achievable*). Metas alcançáveis são realistas e possíveis de serem realizadas com os recursos e as habilidades disponíveis. Elas devem ser desafiadoras, mas não tão difíceis a ponto de se tornem inatingíveis. Não traçaríamos a meta de ir ao Uruguai a pé, por exemplo, porque, apesar de possível, seria bem difícil.

A quarta letra (R) demanda que as metas sejam **relevantes** (*relevant*). Isso significa que as metas precisam ser importantes para você e estarem alinhadas aos seus outros objetivos e valores. Uma meta relevante tem um impacto significativo e um propósito claro. O propósito da nossa viagem, por exemplo, deve ter valor para nós.

A última letra (T) pede que as metas sejam também **temporais** (*time-bound*). Metas temporais têm um prazo claro. Estabelecer uma data-limite cria um senso de urgência e nos ajuda a manter o foco e a motivação, como definir o dia e a hora em que chegaremos no Uruguai, usando nosso exemplo.

Por meio do método SMART, transformamos ideias vagas e desejos em planos de ação concretos e realistas. Esse método pode ser utilizado em qualquer objetivo que você queira conquistar. Ele fornece uma estrutura clara para definir e atingir metas de maneira eficiente e eficaz.

Uma vez que você já sabe definir suas metas SMART, o próximo passo é criar um plano de ação. Isso envolve detalhar os passos específicos, os recursos necessários e os prazos para cada objetivo. Lembre: um objetivo sem um plano é apenas um desejo. Vamos transformar esses desejos em realidades concretas?

O plano de ação

Todo início de planejamento requer que você identifique os recursos que tem disponíveis (como tempo, dinheiro, habilidades etc.) e os obstáculos potenciais que podem surgir. Isso inclui limitações de tempo, falta de habilidades específicas, recursos financeiros etc. Ao entender quais recursos você possui e quais faltam, é possível entender o que precisa ser adquirido ou desenvolvido. Além disso, conhecer os desafios potenciais com antecedência permite que você planeje soluções ou estratégias de contingência. Isso reduz o impacto de surpresas e obstáculos no caminho para alcançar suas metas.

Após a identificação dos recursos disponíveis, desdobre cada meta em tarefas menores e mais gerenciáveis. Essas atividades devem ser ações concretas que, quando concluídas, o aproximam da realização da meta. Ao definir tarefas, você organiza seu plano de ação em uma estrutura clara, o que ajuda a visualizar o caminho para atingir suas metas e identificar quais passos devem ser dados primeiro. As tarefas também permitirão que você consiga monitorar o progresso em direção à sua meta de maneira tangível. Cada tarefa concluída é um passo a mais em direção ao sucesso, e é mais fácil medir o progresso quando você tem pontos de referência claros. Adicionalmente, elas podem ajudar a diminuir a procrastinação. Quando você sabe exatamente o que precisa fazer, é menos provável que adie ou evite a tarefa.

Agora, você precisa organizar essas tarefas em uma ordem lógica. Algumas delas precisam ser concluídas antes que outras possam começar. Priorize as tarefas com base em sua importância e urgência. Nem todas têm o mesmo impacto na realização de suas metas. Priorizar ajuda a garantir que você concentre seus esforços nas atividades que farão mais diferença, otimizando o uso do seu tempo e de seus recursos. Você tem tempo limitado e, ao fazer isso, pode alocar esse tempo de maneira mais eficaz, o que lhe permite dedicar mais tempo às tarefas mais importantes e reduzir ou eliminar o tempo gasto em atribuições menos relevantes.

Estabeleça um sistema para monitorar o progresso em relação às metas. Isso pode envolver *check-ins* regulares, o uso de ferramentas de gerenciamento de projetos ou, simplesmente, revisar sua lista de tarefas regularmente. Esteja preparado para ajustar seu plano conforme for necessário. Esse monitoramento auxilia no entendimento de quanto avançou em direção às suas metas, o que ajuda a manter o foco e a motivação, pois você pode ver o progresso tangível que está fazendo.

Por falar em motivação, não deixe de comemorar os sucessos obtidos ao longo do caminho. Reconhecer e celebrar as conquistas pode ser um grande motivador, porque é uma forma de valorizar o trabalho duro e o esforço investido. Isso valida a dedicação e o empenho colocados para alcançar a meta.

A automotivação

Muitas vezes, para alcançar um objetivo, o principal problema não é a falta de algum recurso, mas a falta de motivação. Começamos cheios de energia e entusiasmo, mas, à medida que vamos caminhando, a motivação vai embora, gradualmente. Para se manter automotivado, você precisa identificar o que internamente lhe faz querer alcançar suas metas. Pode ser o desenvolvimento pessoal, a satisfação de completar uma tarefa, ou a realização de um sonho de longo prazo. Lembre-se de que o incentivo e o apoio dos outros é muito bom, mas nem sempre podemos contar com isso, pois cada um é responsável pela sua própria vida. Ao longo da nossa jornada, vamos percebendo, progressivamente, que não podemos terceirizar nossos sonhos e desejos e nem responsabilizar os outros por aquilo que não sai da forma como esperamos.

Outro ponto fundamental é a disciplina. Crie uma rotina diária que embase suas metas. Hábitos consistentes podem reduzir a necessidade de esforço contínuo para se manter motivado, e só conseguimos tornar atividades em hábitos quando as fazemos regularmente. Portanto, exerça a disciplina.

Cercar-nos de influências positivas nos auxilia a manter o foco, principalmente quando somos acometidos pela falta de motivação. Envolva-se com pessoas que o apoiam e inspiram e busque ambientes que fomentem o crescimento e a positividade.

Sempre aprenda com os fracassos e tente vê-los como oportunidades de aprendizado. Adotar uma mentalidade de crescimento pode ajudá-lo a se manter motivado, mesmo diante de dificuldades. Simultaneamente, faça o exercício de visualizar o sucesso, ao imaginar-se alcançando suas metas. Esse exercício pode ser uma poderosa ferramenta motivacional, favorecendo a manutenção do foco no resultado desejado.

No mais, mantenha-se saudável! Exercícios regulares, alimentação adequada e sono suficiente são fundamentais para garantir altos níveis de energia, uma atitude positiva e muita automotivação para construir o caminho rumo aos seus principais objetivos.

Tempo é mais importante que dinheiro. O segundo você recupera, o primeiro, nunca.

Maíza Nascimento

Maria Laura de Souza

Maria é mineira, advogada e mentora. Formada em Direito, abriu seu escritório especializado em benefícios do INSS. Apesar dos desafios nos seis anos seguintes, converteu erros em aprendizados, superando a desorganização.

Entendeu que o sucesso não exige sacrifícios. Com cursos de gestão e na área de vendas, transformou seu escritório, faturando bastante, expandindo sua equipe e melhorando sua qualidade de vida. Viu o escritório como uma empresa em evolução e desenvolveu um método único. Hoje, é mentora de jovens advogadas em busca de equilíbrio entre sucesso e vida pessoal.

Além de conquistas profissionais, este capítulo trata da reconquista do tempo com a família, da preservação da liberdade pessoal e do cuidado com a saúde mental.

marialauras.adv

+55 (35) 99217-3776

DINHEIRO
inteligente

16 QUATRO PASSOS PARA SAIR DO CAOS E CRESCER COM LIBERDADE

Por Maria Laura de Souza

O ano era 2018. Ana recebera a tão sonhada carteira da OAB. A emoção tomava conta dela, afinal, foram cinco anos dedicados à faculdade e algumas noites em claro para ser aprovada na Ordem. Ela mal via a hora de começar a advogar e ajudar pessoas. Porém, o medo de abrir um escritório e a insegurança para atender eram grandes. Mas ela criou coragem, abriu seu escritório em casa e iniciou os atendimentos. Tinha como objetivo dar orgulho à sua mãe, garantir o bem-estar de quem amava e transformar a vida de seus clientes.

Queria se especializar. Mas, ao ver as contas chegarem, atendia a todas as demandas. Após alguns meses, o escritório estava indo bem e a demanda aumentava. Então, se viu cansada, tomada pela rotina do escritório e sem dinheiro em caixa, o que não a permitia investir em melhorias. Porém, Ana não percebia que todo o dinheiro que recebia era gasto consigo mesma e com sua família. Aparecia no escritório quando queria e atendia seus clientes em qualquer horário. Mesmo recebendo vários contatos, poucos assinavam contrato, apesar de ela cobrar um valor ínfimo.

O escritório, então, ficou estagnado. Apesar de muito tentar, ela não via resultados. Dedicava-se e, mesmo assim, o negócio não crescia. Diante desse cenário, começou a acreditar que a advocacia não era para ela, já que o escritório não estava faturando. Acabou duvidando de sua capacidade como profissional, e aquela empolgação inicial sumiu. O pensamento que martelava em sua cabeça era: "Vou desistir!".

Essa poderia ser a história de muitas jovens advogadas. Sei disso porque minhas mentoreadas passaram por isso. Mas essa é a minha história. Precisei experimentar muita insegurança, ter um escritório estagnado, sentir medo de cobrar pelo meu serviço e quase desistir para, então, entender que precisaria agir. Foi em uma conversa com minha mãe que percebi, com lágrimas nos olhos, que não poderia permanecer daquela forma. Ela me disse: "Filha, tenho orgulho da sua trajetória. Você precisa se organizar. De nada adianta aparecerem mais clientes se você não tem controle de suas demandas. Estou aqui para ajudá-la. Vamos fazer dar certo".

A partir desse momento, entendi que é possível crescer, faturar e ainda ter tempo de qualidade e liberdade, valores inegociáveis para mim. Precisaria me dedicar a organizar a "casa" e ver o escritório como uma empresa. Assim, para ter crescimento, lucro e liberdade em seu negócio, é preciso entender que um escritório tem quatro pilares principais, que se subdividem em financeiro, comercial, operacional e gestão. Para funcionar, você deve pensar de forma estratégica e controlar dados e métricas; do contrário, estará fadada ao fracasso. E é isso que eu compartilharei com você nas próximas páginas: quatro passos para sair do caos e crescer com lucro e liberdade.

O **primeiro passo** é trabalhar sua mentalidade. É ela que faz você avançar ou desistir. Engana-se quem acha que autoconhecimento é bobagem. Empreender é olhar para dentro. Você precisa ter uma mentalidade forte e de crescimento para enfrentar os desafios que surgirão no caminho. No mundo dos negócios, a dualidade entre abundância e escassez é frequentemente associada à mentalidade de um empreendedor. Uma mentalidade de abundância/crescimento se manifesta quando a pessoa acredita que existem recursos e oportunidades suficientes para todos e que o sucesso pode ser compartilhado e multiplicado. Por outro lado, uma mentalidade de escassez/fixa é caracterizada pelo medo de perder ou competir por recursos limitados, levando a um pensamento de "tudo ou nada".

Se nossa programação interna está dominada por crenças de escassez, a tendência é que nossas ações sejam pautadas pela insuficiência, resultando em autossabotagem e oportunidades perdidas. No entanto, ao reprogramar nossa mente com afirmações positivas, visualizações de sucesso e mudanças de hábitos, podemos alinhar nossa crença com a abundância, alcançando todo o nosso potencial empreendedor.

Alguns fatores podem estar relacionados ao tipo de mentalidade que temos hoje: nossas crenças limitantes. Principalmente entre jovens advogadas, vemos a presença de pensamentos como: "Não tenho experiência"; "Há muitos profissionais"; "Não tenho dinheiro"; dentre outros. E como superar esses pensamentos e reprogramar sua mente? Por meio do autoconhecimento. É preciso conhecer sua história e o padrão dos seus pensamentos. Só assim você conseguirá transformá-los em uma linguagem que enfatize o crescimento.

O **segundo passo** para o crescimento constante é a padronização de processos, ou seja, nosso jeito de trabalhar, o famoso Procedimento Operacional Padrão (POP). Pense em quanto tempo você economizaria tendo um fluxo de atendimento, o passo a passo a ser seguido. Além de garantir mais tempo para prospectar (mais dinheiro no caixa), você transmite um maior profissionalismo ao seu cliente. Logo, consegue delegar melhor as tarefas e diminuiu sua ansiedade, sabendo que tudo está sendo feito com essência e qualidade.

Para iniciar a padronização, você precisa mapear as atividades diárias no seu escritório, seja de atendimento, operacional, financeiro ou de outros setores. Feita essa investigação inicial, você desenhará, em cada atividade, a cadência de ações que devem ser feitas desde a saída do ponto A até a entrega da tarefa. Depois, insira todas essas informações em um documento, contendo o objetivo daquele processo, as ferramentas requeridas, o prazo e o passo a passo para sua execução. Esse procedimento padrão será o seu guia e deve ser colocado em prática e validado. Quando necessário, ajuste-o, para que seja cada vez mais eficaz e automático.

Apresento exemplos essenciais de POPs: atendimento inicial; recepção, digitalização, devolução e compartilhamento de documentos; envio de relatórios e pesquisa de satisfação. Há diversos outros. Agora é a hora de você fazer essa atividade. Papel, caneta, ação!

O **terceiro passo** é o controle financeiro. Ele é o coração do seu negócio e precisa de atenção para que seu escritório não morra. Quando falamos de financeiro, você pode ter reconhecido que não faz o controle, ou que até faz, mas sem comprometimento. Peço, portanto, que reflita: como é sua energia e crença em relação ao dinheiro? Nossa relação com ele se reflete em nosso negócio, já que o dinheiro é emocional. Pense sobre como foi sua infância, o que aprendeu, quais eram seus comportamentos ligados ao aspecto financeiro. A conscientização é o primeiro passo para a mudança.

Não confunda seu negócio com sua pessoa física (mesmo sem CNPJ). Não utilize o dinheiro do escritório para bancar sua vida, é preciso haver divisão. Assim, você consegue identificar se realmente o escritório não vai bem ou se é só você sangrando seu caixa para custear sua vida pessoal.

A gestão financeira envolve o controle do fluxo de caixa, o que podemos fazer para diminuir o custo da atividade, identificar o inadimplente, a divisão de lucros e o pró-labore. Com esses dados, você consegue estabelecer um valor justo pelo seu serviço – sem pagar para trabalhar –, entender se está no vermelho, saber qual é o serviço que gera mais lucro e qual é a forma de pagamento que os clientes preferem. Veja como é importante esse controle, pois os resultados obtidos a partir dele impactam sua precificação, estratégias de atração de clientes, esteira de serviços e todo o desempenho do escritório. Tenha como rotina semanal a alimentação de uma planilha ou sistema com dados financeiros e torne este um compromisso com o seu negócio. Você verá que focar no setor financeiro, um dos pilares de todo escritório, trará clareza e resultados extraordinários.

O **quarto passo** para crescer com liberdade é analisar o desempenho. Não confie na sua cabeça, ela prega peças. Você precisa de uma ferramenta para anotar todos esses dados, controlá-los e analisar com frequência o desempenho do seu escritório. Só assim você conseguirá tomar decisões acertadas, entender se está no caminho certo e o que precisa ser ajustado.

Se você não tem dados, você não tem um negócio. O papel aceita tudo; então, é preciso praticar. Aqui, pode surgir a desculpa de que você necessita de um sistema de gestão para poder ter tudo isso. Pare! Você precisa de dedicação, método e uma ferramenta que lhe atenda. Comece com o que você tem, seja uma planilha, o Trello ou Word: o importante é ter suas informações anotadas, comprometer-se a alimentar a ferramenta e analisar a realidade do seu negócio, sem alucinar e avançar estrategicamente.

Caso acredite que por trabalhar sozinha ou ter uma empresa pequena não precisa cumprir esses quatro passos, está enganada. Se você não gere o pouco, não saberá gerir o muito. O quanto antes entender que seu escritório é um negócio, mais rapidamente você terá resultados extraordinários, se destacando com relação à concorrência.

Quando olho para trás, entendo que valeu a pena ter decidido profissionalizar meu escritório e praticar esses quatro passos que compartilhei: mentalidade de crescimento, padronização de procedimentos, controle financeiro e análise de dados. Sei que esse caminho poderia ter sido encurtado – não precisaria ter esperado quatro anos para ter essa virada de chave. Mas, a partir do momento em que escolhi crescer com liberdade, há dois anos, tive resultados surpreendentes.

Com muito orgulho, hoje oriento e compartilho esse conhecimento com jovens advogadas que não querem esperar tanto tempo para modificar a forma de enxergar seu escritório, dar orgulho para elas mesmas e seus familiares e garantir qualidade de vida para quem amam.

Por ter chegado até aqui, estou feliz em ver seu desejo de transformar seu negócio. Portanto, mande em meu WhatsApp as palavras "Quero crescer" e ganhe uma aula exclusiva, com dois passos extras para progredir com clareza e liberdade de tempo.

“

Na ausência de uma gestão sólida, o crescimento é apenas uma sombra de seu verdadeiro potencial.

Maria Laura de Souza

”

Marinel Batista

Eu me chamo Marinel Batista, moro em Coronel Fabriciano (MG). Sou formada em Ciências Contábeis, com pós em Gestão Comercial, além de ter concluído vários cursos de formação na área financeira. Com mais de 30 anos de carreira, nos últimos 13 atuei como consultora financeira especializada em gestão de riscos financeiros e patrimoniais. Meu propósito é ajudar as pessoas a organizarem, planejarem e protegerem seu patrimônio. Tenho a honra de dizer que já ajudei inúmeras famílias.

Filha de agricultores, minha infância foi financeiramente muito restrita, embora nunca nos tenha faltado o básico. Herdei a determinação e a coragem de minha mãe e, desde cedo, decidi que teria uma vida com mais conforto financeiro. A curiosidade e a coragem me levaram ao sucesso, do qual muito me orgulho.

marinelbatista

+55 (31) 98514-4521

Marinel Batista

marinel.batista@gmail.com

DINHEIRO
inteligente

17 GESTÃO DE RISCOS FINANCEIROS: PROTEGENDO SUA RIQUEZA

Por Marinel Batista

Nasci numa família grande. Meu pai ficou viúvo aos 44 anos, com nove filhos, sendo que o mais velho tinha apenas 14 anos. Minha mãe ficou viúva aos 22 anos e já tinha um casal de filhos. O destino quis que meu pai e minha mãe se conhecessem e começassem uma família com onze filhos. Corajosamente, tiveram mais oito crianças. Assim, herdei o DNA dessas duas feras. Imagina o que é educar, vestir e alimentar dezenove filhos? Meu pai era agricultor e tinha um terreno produtivo. Criou todos os seus filhos com os frutos daquela terra. Quando faleceu, aos 91 anos de idade, nos deixou essa terra, mas também um grande imbróglio: um inventário complexo, já que tem herdeiros da primeira e da segunda família. O inventário iniciou e, com ele, os problemas comuns a quase todas as famílias que passam por isso: os desentendimentos sobre o direito de cada um e o que fazer com a terra.

Nunca imaginamos que isso possa virar um problema numa família unida e feliz, principalmente porque, no nosso caso, o bem a ser herdado é apenas uma terra pequena. Independentemente do valor, o inventário quase sempre é uma situação difícil. Custa dinheiro e pode demorar tanto que, às vezes, o herdeiro não consegue usufruir desse bem.

Quem não conhece uma história semelhante? Ainda assim, os brasileiros não têm a cultura de planejar a sucessão patrimonial, e isso é um grande problema. Existem fortunas perdidas no país, com patrimônios presos a inventários intermináveis, por diversos motivos, mas o principal é a falta de dinheiro dos herdeiros para resolver os trâmites burocráticos exigidos, que podem custar de 10 a 30% do valor do patrimônio.

Como proteger sua riqueza

A maioria dos brasileiros não se planeja financeiramente. A organização das finanças talvez seja, hoje, um dos nossos principais desafios, num país em que 77,4% da população possui dívidas, segundo a Confederação Nacional do Comércio de Bens e Serviços e Turismo (CNC). Nesse cenário, falar em gestão de riscos parece insano, mas é exatamente por isso que precisamos nos planejar.

Com um planejamento financeiro eficiente, o primeiro fator a ser considerado, após o início da geração de renda, é a gestão dos riscos financeiros. Se você começou a gerar renda, já está exposto aos riscos que podem afetar suas finanças pessoais e familiares. Proteger a riqueza significa preservar seu patrimônio e tudo o que está construindo, principalmente seus objetivos e sonhos. É o risco de cessar a fonte de renda que precisa ser evitado, para que você tenha a segurança de desfrutar de uma vida com conforto, mesmo que a fonte de renda seja comprometida por algo que você não controla.

Quais situações podem colocar seu patrimônio ou seus planos de construção de patrimônio e educação dos seus filhos em risco? Perder o emprego, ficar doente, inválido, morrer? Há vários fatores incontroláveis. Falaremos, a seguir, sobre como você pode proteger sua fonte de renda.

A ferramenta mais eficaz e acessível é o seguro de vida. Ele não é viável a todos, pois tem regras de aceitação, como saúde e idade. Portanto, o melhor momento para contratá-lo é o quanto antes. O seguro vai proteger a geração de riqueza e o patrimônio já constituído, e é possível personalizar as coberturas de risco de acordo com o perfil ou a profissão. Os seguros de invalidez, incapacidade temporária e diagnóstico de doenças graves, por exemplo, vão garantir que você tenha dinheiro para manter seus compromissos financeiros enquanto se recupera para voltar a trabalhar, ou que tenha dinheiro para readequar sua vida.

A outra ferramenta é a reserva de emergência para riscos que não estão ligados à saúde, como a perda de emprego. Se você não tem uma reserva de emergência e fica desempregado, com certeza terá suas finanças comprometidas, além de se sentir obrigado a aceitar o primeiro emprego que vir pela frente. Há um prejuízo significativo quando não se tem um planejamento financeiro que contemple todas as situações inesperadas. E, para isso, é preciso contar com um consultor financeiro especialista em gestão de riscos, a fim de que contrate aquilo que realmente faça sentido para você.

Além de proteger a geração de renda, é preciso gerenciar os riscos ao patrimônio já constituído. Para a proteção do patrimônio, temos algumas soluções importantes. Vamos entender todas elas, pois o ideal, nesse caso, é um planejamento sucessório que vai abranger mais de uma solução.

Seguro de vida

Já falamos do seguro de vida para proteger a construção do patrimônio; agora, entenderemos como ele pode proteger o patrimônio já constituído. Existem vários tipos de seguro de vida, mas o seguro vitalício é a solução mais adequada num processo de sucessão, porque ele pode ser comprado para ser pago num determinado prazo, de 10 anos, por exemplo, e vale para a vida inteira. Esse seguro só acaba com o pagamento do benefício, ou se o segurado desistir do plano. Uma vez aprovado pela seguradora, só pode ser cancelado pelo próprio segurado. É uma compra de patrimônio, com a vantagem de não ser herança. É o primeiro bem que a família recebe, sem incidência de imposto, e tem a possibilidade de ser utilizado imediatamente para desembaraçar o inventário. Pode ser deixado para quem você quiser, é incontestável. Além disso, você reduz o custo com inventário, pois é possível, de acordo com a idade, comprar uma apólice de seguro pagando menos da metade do seu valor.

O seguro de vida é calculado de acordo com a idade e o estado de saúde; mas, na maioria dos casos, uma apólice pode ser comprada por um valor menor que o do capital segurado. Mais uma vez, é importante lembrar que o seguro de vida tem regras de aceitação e pode não ser viável em todas as situações; por isso, precisa da avaliação individual de um especialista.

Previdência privada

A previdência privada para fins de aposentadoria pode ser uma boa solução para quem tem um patrimônio em dinheiro, porque, teoricamente, é um benefício e foge da burocracia do inventário. Nesse caso, ela seria útil num processo sucessório por não integrar a herança, embora já exista jurisprudência para incluí-la na divisão de bens se ela for enquadrada como investimento. Mesmo que não integre a herança, os tributos de transmissão de bens (ITCMD) são devidos. Dessa forma, a complementação com um seguro de vida, quando possível, deve ser considerada.

Testamento

As pessoas pensam que o testamento resolve todos os problemas de um inventário, mas ele apenas atesta o desejo da pessoa de como seu patrimônio deve ser herdado. A lei permite que você destine 50% dos seus bens para quem você desejar, mas 50% são reservados aos herdeiros legais. O testamento não resolve a questão dos impostos para transitar o patrimônio aos herdeiros. Mesmo com a existência do testamento, os impostos devem ser pagos por quem recebeu a herança ou doação. O testamento também pode ser contestado, gerando atraso e complicações ao inventário. Ainda assim, é uma solução que deve ser considerada em alguns casos, principalmente se aliada a outras ferramentas de sucessão.

Doação em vida com usufruto

Esse modelo é mais conhecido, porém, é caro para o doador, porque, para doar, é preciso pagar tributos. Você antecipa o pagamento do ITCMD e evita desavenças familiares quando faz a doação em vida. O doador pode doar até 50% dos bens para quem ele quiser, reservando 50% aos herdeiros necessários. Porém, é importante ressaltar que, quando você doa, pode usufruir do bem, mas não pode vendê-lo; então, você deixa de ter gerência total sobre o patrimônio. E se você ficar doente e precisar vendê-lo? Será que seus herdeiros assinariam a permissão para venda? É preciso considerar todos os cenários ao escolher a melhor solução antes de tomar uma decisão.

Holding

Este é o assunto do momento, principalmente entre os que têm um patrimônio mais significativo. Mas o que é *holding* e para o que serve? De fato, trata-se de uma ferramenta muito eficaz para a sucessão de grandes riquezas, principalmente quando se tem um patrimônio imobilizado significativo ou um patrimônio que envolve várias empresas.

A *holding* é uma empresa constituída com o objetivo de administrar bens pessoais. Nesse caso, o processo sucessório se torna mais simples, porque, em vez de dividir bens num inventário, há apenas a transmissão de cotas aos herdeiros, evitando um inventário e tributos altos. Porém, é uma solução complexa e cara, que requer a contratação de um especialista para estudar qual é o melhor modelo de *holding* para o seu perfil, pois afeta diretamente a questão tributária. Por isso, é necessário que haja uma análise cuidadosa, além de uma avaliação do custo de constituição e integralização dos bens. E, assim como as outras soluções, não resolve completamente a sucessão, porque, normalmente, nem todo patrimônio é integralizado na *holding*, até por conta de tributação. Então, embora seja a melhor solução para quem tem um patrimônio significativo, ela precisa de complementação. O seguro de vida pode ser a melhor solução, quando possível dentro das regras de aceitação.

Pesquisas comprovam que a organização financeira e o equilíbrio nos gastos geram felicidade, satisfação e sentimento de realização. Pessoas organizadas financeiramente são mais felizes e menos estressadas. Portanto, o planejamento financeiro e sucessório desde o início da vida produtiva contribui para uma vida mais feliz.

Num *ranking* global, o Brasil está entre os piores países do mundo em relação à educação financeira, em 74º lugar. Fica atrás de países bem mais pobres, como Madagascar, Togo e Zimbábue. Precisamos de políticas públicas de educação financeira, para mudar esse quadro.

Como está sua relação com as finanças? Você tem um planejamento financeiro e de sucessão patrimonial? A hora de se planejar é agora!

“Proteger a riqueza significa proteger seu patrimônio e tudo o que está construindo, mas, principalmente, seus objetivos e sonhos.”

Marinel Batista

Matheus Vital

Sou graduado em Sistemas de Informação, com MBA em Mercado de Capitais e Macroeconomia. Desde 2004, venho explorando o universo dos investimentos.

Em 2017, decidi deixar uma carreira estável e bem remunerada de 16 anos para me dedicar integralmente ao mercado financeiro. Até 2022, concentrei-me no desenvolvimento de estratégias de investimento para uso pessoal e para um fundo privado familiar. A partir de então, motivado por amigos e familiares, redirecionei meu foco para a educação financeira, dando ênfase à bolsa de valores.

Em 2023, transformei minha estratégia principal de investimento em ações, por meio de uma metodologia prática e objetiva. Essa abordagem, fruto de anos de experiência, foi projetada para ser funcional até mesmo para quem nunca investiu em ações. Você pode conhecer mais sobre ela no link abaixo.

matheusvital

matheusvital

herancainvestimentos.com.br

matheus@herancainvestimentos.com.br

18 INVESTIMENTO EM AÇÕES E MERCADOS FINANCEIROS

Por Matheus Vital

Neste capítulo, falarei sobre investimentos no mercado financeiro, mais especificamente sobre investimentos em ações. Esse assunto tem gerado cada vez mais interesse; mas, com ele, há também muitas dúvidas, expectativas frustradas e dinheiro perdido.

A seguir, mostrarei a razão pela qual as ações representam uma das melhores ferramentas para investir a longo prazo. Apresentarei, também, dicas importantes para quem quiser começar a investir em ações. Essas dicas, sozinhas, não farão você ficar rico no mercado, mas podem evitar que perca muito dinheiro durante o processo de aprendizagem.

Por que as ações são instrumentos tão importantes?

Há dois fatores principais para isso. O primeiro é o fato de que uma empresa é a entidade com maior capacidade de gerar riqueza, e ser sócio dela é o investimento mais rentável que podemos almejar.

Vamos fazer uma comparação com um investimento na economia real, em que compramos um imóvel e o disponibilizamos para alugar. Considerando que uma empresa aluga imóveis para realizar suas atividades, ela precisa gerar um ROE (retorno sobre o patrimônio) maior que o ROE de um aluguel que ela paga. Caso contrário, não faria sentido tal empresa existir – seria mais lucrativo que seus donos a vendessem e comprassem imóveis para alugar.

Naturalmente, se não houvesse empresas gerando ROE melhores que os dos aluguéis, não adiantaria investir em imóveis, pois não haveria demanda para eles. Você pode pensar: "Esse imóvel poderia ser alugado para uma pessoa física em vez de para uma empresa!". Sim, poderia. Mas temos que lembrar que quem paga o salário das pessoas são as empresas. Perceba que, até aqui, estou focando apenas na rentabilidade. É claro que existem fatores de risco que devem ser considerados na hora de investir em qualquer ativo, e falarei sobre eles mais à frente.

Seguindo o raciocínio anterior, o mesmo pode-se esperar ao compararmos investimentos em ações com investimentos de renda fixa. Investir em renda fixa nada mais é do que emprestar dinheiro para alguma entidade. Da mesma forma, se uma empresa toma dinheiro emprestado para tocar suas atividades, ser sócio dela deve ser mais lucrativo do que emprestar dinheiro para ela.

Além desse fator teórico, existe um fator prático que pude constatar num estudo que fiz durante o processo de desenvolvimento da minha metodologia de investimento em ações. Coletei dados de balanços de todas as empresas de capital aberto listadas na bolsa de valores, entre 2011 e 2023, e montei combinações de carteiras utilizando indicadores fundamentalistas dessas empresas. Meu objetivo foi avaliar a correlação entre esses indicadores e o comportamento das ações na bolsa.

A conclusão foi que existe, sim, uma correlação entre esses dois fatores – o que se mostrou crucial para o desenvolvimento do meu método. Além disso, cheguei a uma outra conclusão muito interessante, que me ajudou a constatar a eficiência do investimento em ações. Nesse estudo, simulei uma aplicação inicial de R$ 100.000 e 136 aportes mensais de R$ 10.000, totalizando um capital investido final de R$ 1.460.000.

Na amostra A, considerei que o total do investimento iria para uma aplicação de renda fixa pós-fixada que rendesse 100% do CDI bruto. Já na amostra B, considerei que 90% do capital seria alocado no mesmo investimento de renda fixa da amostra A, e os outros 10% seriam alocados numa carteira de ações montada utilizando meu método de escolha de empresas.

No final do período observado, a amostra A apresentava um montante acumulado de R$ 2.577.521 – uma rentabilidade de 77% sobre o capital investido –, e a amostra B apresentava um montante de R$ 3.553.943, com rentabilidade de 143% sobre o capital investido. Logo, o rendimento da amostra B foi 87% maior que o da amostra A. Nesse período, houve uma queda de 9% do patrimônio durante a pandemia da Covid-19, uma queda relativamente pequena quando comparada ao benefício desse investimento.

Tanto a teoria quanto a prática mostram que investir em ações pode potencializar a rentabilidade do seu patrimônio, mas é essencial investir da forma correta, pois muita gente perde dinheiro ao investir em ações. Para ajudá-lo a não fazer parte dessa estatística, relacionei algumas dicas importantes.

Alinhe a sua expectativa de retorno

Ao começar a investir em ações, muitos não têm ideia do que esperar e acabam criando a expectativa de obter rendimentos bastante altos. Gosto de citar o exemplo de Warren Buffett, um dos principais investidores de todos os tempos. A rentabilidade média do seu fundo, o Berkshire Hathaway, foi de cerca de 20% a.a., nos últimos 50 anos. Outro exemplo é o do investidor James Harris "Jim" Simons, fundador do Medallion, fundo que teve uma rentabilidade próxima a 40% a.a., nos últimos 30 anos.

Se os maiores investidores do mercado, com anos de experiência, conseguiram tais resultados, qual rendimento um iniciante poderia esperar? É claro que não existe uma resposta certa para essa pergunta, pois trata-se de uma questão muito relativa. Mas pense nisso para ajustar suas expectativas.

Uma empresa está inserida em dois universos diferentes. O primeiro deles é o da economia real. Nele, a empresa exerce suas atividades e gera seus resultados. Aqui, ela sofre influência basicamente da macroeconomia e da competência da administração. O segundo universo é o da bolsa de valores, em que a empresa é negociada por meio das suas ações. Nesse cenário, quem manda nos preços são os investidores, também conhecidos como agentes de mercado.

É de se esperar que uma empresa lucrativa tenha suas ações valorizadas na bolsa. Mas o que observamos é que nem sempre essa relação de causalidade acontece no curto prazo. Não é raro uma empresa apresentar lucro recorde e, no outro dia, sua cotação cair. Isso ocorre porque os agentes de mercado podem ter uma diferente percepção daquele resultado e esperavam mais dessa empresa. Ou, então, apesar de a empresa em questão ter ido bem, outra pode ter se saído melhor. Portanto, os agentes resolveram vender ações dessa primeira empresa para adquirir de outra, gerando uma queda na ação.

O que percebi no estudo já citado é que, embora essa causalidade não se reflita em curto prazo, no longo prazo, as empresas lucrativas tendem a ter suas ações valorizadas. Por isso, planeje investir em ações a longo prazo.

Comece investindo pouco dinheiro

O investimento em ações envolve correr riscos. Serão tomadas diversas decisões, e muitas delas demoram para se mostrar certas ou erradas. Várias decisões certas começam dando prejuízo antes de darem lucro. Por isso, tenha inicialmente o objetivo de aprender. Muitas pessoas ficam obcecadas por ganhar dinheiro rapidamente e acabam negligenciando o fato de que investir na bolsa é um processo com várias etapas. Primeiramente, o foco deve ser gerar critérios para a tomada de decisão, validar esses critérios e, só depois, aumentar o capital investido.

Até que você aprenda de fato, é natural que tome algumas decisões erradas, ou, até mesmo, que leve prejuízo em uma decisão que era acertada. Acredite: nessa hora é melhor você ter pouco dinheiro investido do que muito. Uma perda de 50% requer um ganho de 100% para voltar à estaca zero.

Diversifique

Quanto menos especialista você for, mais a diversificação vai ajudá-lo a escapar de uma armadilha. Em 2023, as ações das Lojas Americanas caíram 75% de um dia para o outro. Imagine que você tivesse todo o seu capital investido nessa empresa. De repente, você perderia aproximadamente 75% do que possuía. Agora, imagine que tivesse, naquele momento, 20 empresas com pesos iguais na sua carteira, incluindo as Lojas Americanas. Cada empresa representaria 5% da carteira, e a queda dessa ação equivaleria a uma perda de apenas 3,75% na sua carteira.

Seja um investidor disciplinado

A disciplina se aplica tanto ao desenvolver seus critérios e segui-los quanto ao realizar aportes frequentes. Por muito tempo, seu patrimônio será formado basicamente por aquilo que você aportou. É preciso alguns anos para que a parcela referente aos rendimentos supere a dos aportes.

Cuidado com as armadilhas psicológicas

O ser humano tem uma forte tendência de seguir o que a maioria está fazendo, principalmente quando não domina o processo de tomada de decisão. Esse comportamento é conhecido como "efeito manada".

É comum investidores venderem suas ações simplesmente porque outros investidores estão vendendo também. O mesmo acontece na euforia do mercado: muita gente compra só "para não ficar de fora da festa", sem se basear em uma razão fundamentada.

Os investidores experientes, que dominam o processo de tomada de decisão, aproveitam os momentos de desespero para comprar ações mais baratas, e as euforias para vender ações mais caras. Por isso, novamente, foque em dominar as razões para as tomadas de decisão. Se você comprou porque a empresa está boa e barata, de acordo com os seus critérios, você só deve vendê-la se passar a considerá-la ruim ou cara (e não porque muita gente está com medo e resolve vender). Se isso acontecer, sua empresa pode continuar boa e, agora, estar ainda mais barata – um ótimo momento para comprar, não para vender.

Gerencie seu patrimônio com inteligência

Investir em ações não significa investir apenas em ações. Como vimos, apenas 10% investidos em ações já são suficientes para potencializar os ganhos de um patrimônio. Manter uma reserva de oportunidade pode ser uma boa estratégia para comprar ações em épocas de crise.

Considerações finais

Espero que essas poucas linhas possam ajudá-lo a se tornar o investidor de ações que deseja ser. Certamente, é necessário muito mais conhecimento e experiência para chegar lá, mas tenho certeza de que, ao seguir as dicas apresentadas aqui, você abreviará muito o seu caminho.

Para conhecer o método completo que desenvolvi a fim de transformar pessoas comuns em investidores de sucesso, acesse o *link* que está no início do capítulo e me acompanhe nas redes sociais.

Sucesso e até uma próxima!

Domine as razões para a tomada de decisão. Do contrário, você vai acabar vendendo na hora de comprar e comprando na hora de vender.

Matheus Vital

Mayara Carniel

Filha de Jeová e cristã, sou grata por Ele ter confiado minha vida aos meus pais, Sadi e Natalina. Cresci em um lar onde aprendi, dentre muitas coisas, lições sobre estudo, trabalho e como usar o dinheiro. Resido em Pato Branco (PR).

Sou mentora, com foco em planejamento financeiro, palestrante e professora. Formei me em Administração e tenho especialização em Princípios Milenares (Método *Destiny*).

Após um período de solidão (e de ter dado muitas voltas na vida), busquei refúgio na companhia de Deus, através da Bíblia. Comecei lendo Provérbios com interesse financeiro, mas estou recebendo instruções do que fazer para tornar minha existência mais leve, reta e com real significado. Aquele vazio foi embora, pois hoje me sinto preenchida, com a paz que excede todo o entendimento.

É preciso saber o valor do dinheiro e, o mais importante: que a verdadeira riqueza ele jamais comprará.

mayara.carniel

+55 (46) 99909-3877

Mayara Carniel

mayara.carniel@hotmail.com

DINHEIRO *inteligente*

19 UMA REFLEXÃO SOBRE RIQUEZAS E ESPIRITUALIDADE

Por Mayara Carniel

O sucesso financeiro e emocional não acontece por acaso. Ele é consequência de planejamento, estratégia, execução e ajustes. Para explicar isso, me basearei na lei do plantio e da colheita (Gl. 6:7) ou lei de causa e efeito. Lembre que ela independe da sua crença, pois é uma lei universal. Sucesso nada mais é do que alcançar o objetivo estabelecido. Para que as mudanças desejadas aconteçam, é necessário definir os resultados almejados. Prefiro perguntar: que frutos você quer colher?

Quem tem visão de curto prazo estranha começar pelo final. Porém, essa é a forma correta de começar algo (Lc. 14:28-32). O primeiro passo, antes de qualquer decisão, é pensar bem em suas consequências (Dt. 32:29). Note que há um grande problema em olhar apenas para a sua situação atual, pois assim é mais complicado ver uma saída – principalmente se você não sabe para onde vai, depois.

Comprar mais o que é necessário e menos o que se quer é o início da sua riqueza. A excessiva antecipação do que ainda não poderia realizar gera endividamento. Este é causado por alguns fatores, como: agir por impulso, empolgação, ansiedade, vontade de se sentir bem ou, mesmo, para impressionar os outros. É fundamental reconhecer nossas falhas financeiras e os problemas que envolvem nossas emoções, bem como o que elas geram, tanto em nós quanto nos outros. **Não há como alterar e nem controlar o que não se vê.**

Para enriquecer, é indispensável se preparar para isso, tanto financeira quanto emocionalmente. É prudente aprender sobre finanças e, também, saber impedir que suas emoções determinem para onde vai o seu dinheiro, pois lidaremos com ambos até o final da vida. Apesar de parecer confuso para algumas pessoas, é possível, com fé, viver uma vida tranquila, feliz e próspera.

Nesse sentido, para que sua riqueza seja real, é necessário que ela esteja alicerçada em intenção futura, trabalho estratégico, conexões certas, honestidade, responsabilidade e espiritualidade. Senão, será apenas um belo montante de dinheiro (sim, há diferenças).

Dinheiro é muito importante. Ele é um meio que possibilita que aproveitemos nosso tempo com o que é relevante para nós, criando memórias com quem amamos e a condição de vida que almejamos. Há coisas que só ele paga. É melhor tê-lo do que viver em escassez. A falta dele, além da falta de inteligência emocional, provoca frustração, confusão mental, medo, angústia, preocupação, sofrimento, depressão etc. Ouso dizer que as emoções e os comportamentos interferem muito mais no seu progresso do que suas habilidades e inteligência. De que adianta capacidade técnica se você tiver hábitos nocivos, comportamentos errados e emoções bagunçadas?

É lamentável ver pessoas trocando horas da sua vida por trabalho, para fazer mais dinheiro, e, no fim, não terem patrimônio, sentindo-se piores do que quando ganhavam menos; ou até com uma boa condição financeira, mas gastando com a motivação errada, fazendo besteiras e causando problemas.

Ao longo desse tempo, por vezes, a saúde é negligenciada junto com a família. Depois, vêm as doenças, o distanciamento nos relacionamentos e um vazio existencial, que desencadeiam uma série de tribulações. Cada pessoa busca preencher esse vazio e se sentir melhor da sua maneira. Em boa parte dos casos, isso se reflete nas finanças. Logo, **problema financeiro não é a causa, mas o sintoma**. É preciso entender e agir na causa, colocando o dinheiro em seu devido lugar: no de servo (Mt. 6:24). Devemos agir de forma equilibrada, não depositando no dinheiro a nossa fé, adorando-o a ponto de nos esquecermos das coisas mais importantes que ele não compra: a saúde integral, o verdadeiro amor, amigos leais, presença na vida dos filhos, sono, corpo malhado, aceitação, emoções saudáveis, paz, perdão, vida eterna, a sua conexão com Deus... É curioso, pois as coisas que mais impactam a criação do nosso futuro também não podem ser delegadas: somente nós podemos realizá-las.

Gastos que excedem o ideal para o seu contexto escondem (ou revelam) uma carência, que se tenta suprir com doses de dopamina. Se essas recompensas (comida, compras, vícios, redes sociais etc.) fossem efetivas, elas não seriam passageiras. Assim que o efeito termina, as perturbações retornam, suas emoções ficam descontroladas e o ciclo se repete. Dinheiro, fama, títulos, bens, viagens... nada preenche o vazio que só Jesus Cristo pode ocupar (Mc. 8:36; Jo. 6:35). Ter dinheiro é sensacional, bem como ter emoções blindadas, mas nada se compara ao relacionamento com Deus e à evolução espiritual. Oro para que você consiga reconhecê-Lo; para que acumule os tesouros que não têm fim, sendo abençoado com tudo o que precisa para viver bem neste mundo e sem perder a vida eterna (Mt. 6:19-21).

Se você não aprender a gerir suas riquezas, desperdiçará não apenas seus recursos financeiros, mas seus relacionamentos e suas conexões, bem como oportunidades, sua saúde física e mental e todo o tempo que levou para conquistá-los. Perceba: à medida que nos tornamos mais capazes e melhores administradores, recebemos mais recursos para gerir (Mt. 25:14-30).

O que você tem feito com os talentos que recebeu? Esse ensinamento me motivou a trilhar o caminho da educação financeira. Além disso, me ajudou a mudar minha conduta, me permitindo abandonar o que não está de acordo com meu sentido de vida. Saiba que **seu passado e sua situação atual não determinam seu futuro, mas as desculpas e as atitudes de hoje, sim!** Somente com uma firme decisão você se comprometerá a fazer o que for necessário para concretizar sua visão, sabendo que os resultados levam um tempo para surgir.

A mudança de comportamento gradual, na direção correta, produzirá, com paciência e perseverança, uma vida de alegrias e bênçãos. As conquistas vêm com sua preparação e dedicação. Para escolher o que quer colher, é preciso decidir qual semente plantar (estando em concordância com quem decide com você).

Já atendi clientes desacreditados de melhoras em sua situação financeira. Entretanto, afirmo: nenhuma vida financeira é uma completa causa perdida. **Por mais que as condições atuais sejam contrárias e desfavoráveis, elas podem ser transformadas** (Ec. 11:4).

A fé é fundamental para enxergar além do que te rodeia e se mover pelo que crê (2 Co. 5:7). Se você estiver desencorajado em qualquer área da sua vida, espero que o versículo de Eclesiastes 11:6 o inspire. Anime-se! O resultado que você ainda não tem provém da necessidade de algum conhecimento, método, ferramenta, treino ou mentor para guiá-lo nessa transição. Consciente disso, entenda que as sementes são suas ações. Assim como uma planta necessita de tempo e cuidados para crescer, o ambiente em que está inserido também influencia seu desenvolvimento. É assim que você construirá, hoje, o seu futuro. Se plantar uma boa semente e cultivá-la apropriadamente, ela dará bons frutos. Apenas tenha paciência (Mt. 7:17-19), sem comparar sua fase de preparação com a fase de celebração do outro.

Com a clareza do que o perturba, você aprenderá, pouco a pouco, novas habilidades e atitudes. A falta delas é a distância que o separa da sua condição de vida ideal. O resultado que você quer está na decisão que adia tomar. É preciso pagar o preço da construção da fortuna. Se continuar repetindo os mesmos padrões, pensamentos e ações, seu futuro será muito parecido com o dia de hoje. Isso assusta ou impulsiona você? Contudo, saiba que de nada adianta ter a melhor semente do mundo se plantá-la em um solo infértil. Mais importante do que sua intenção futura é o terreno em que plantará as sementes. Será que ele está limpo, livre de ervas daninhas e com os nutrientes adequados para o cultivo? O terreno é a sua mente. Ela é aquela voz tagarela, responsável pelos seus diálogos internos conflitantes. Quais vozes você tem escutado?

Nossa realidade é moldada por nossas convicções. Raramente, os resultados serão diferentes dos sentimentos nutridos pela mente. Por isso, o dinheiro é emocional e você deve aprender a controlar suas emoções.

A consistência das decisões tomadas, coerentes com a direção escolhida, levam à colheita próspera. Pare de postergar o que é inevitável e faça o que precisa ser feito. Em breve, você colherá os frutos. A recompensa compensa! Ou você já viu um fruto ser menor do que a sua semente? Pare de atrelar sua felicidade a uma conquista futura. Evite que a ganância e os desejos insaciáveis o ceguem a ponto de estar distraído demais para desfrutar do que já tem. Uma vida de paz está acima de desafios, imprevistos ou problemas. É preciso se planejar em cada área, sendo zeloso no que está sob o seu comando. Para o que não está, descanse meditando em Pv. 3:5-7, Rm. 8:28 e Jr. 29:11-14. Faça isso de forma paciente, esperançosa e confiante, já que, no tempo certo, a resposta vem.

Ele já tem preparado para nos entregar o que desejamos. Basta nos alinharmos à vontade do Pai com as motivações corretas. Pv. 3:16 confirma isso; Ele dará vida longa, riquezas e honrará aqueles que O buscam em primeiro lugar (Mt. 6:33-34). Quem é diligente com suas riquezas acaba recebendo muito mais (Gn. 41:48-49). Por isso, invista gradativamente em expandir sua mentalidade, sua inteligência, em agir conscientemente, estar com boas companhias e nos ambientes certos; e, o principal, buscar sabedoria (Pv. 2:6). Toda mudança exige coragem. Suas escolhas impactarão não apenas o seu futuro, mas o da sua descendência e o de tantas outras pessoas. Isso vai exigir de você algumas renúncias, muita disciplina e determinação. Mas que investidor tem medo de colocar seus recursos no que ele sabe que dará certo?

Aceite o momento presente como ele é. E, então, ouse construir a realidade que gostaria de viver. Caso contrário, você nunca saberá quão longe pode chegar, sem antes dar o primeiro passo. A decisão depende só de você – mas, se precisar, pego na sua mão e vamos juntos. Conte comigo na sua jornada!

Pare de postergar o que é inevitável e faça o que precisa ser feito. Em breve, você colherá os frutos. A recompensa compensa!

Mayara Carniel

Natália Cunha

Eu me chamo Natália Cunha, tenho formação em Administração, Finanças Comportamentais e Psicologia Econômica.

Sou planejadora financeira e especialista em finanças pessoais, com mais de dez anos de experiência na área de finanças e mais de cinco anos focada em atendimento personalizado individual. Por meio da minha história pessoal, descobri meu propósito de guiar outras pessoas no seu relacionamento com o dinheiro.

Hoje, atuo com a mudança de hábitos e comportamentos, levando os indivíduos a eliminarem suas dívidas, conquistarem sonhos e terem um vínculo mais tranquilo e equilibrado com o dinheiro.

Meu objetivo é aproximar as pessoas de suas metas financeiras reais, impulsionando consistentemente seus resultados a um nível superior.

natalia.financas

+55 (11) 93923-4628

nataliacunha

nataliacunha.financas@gmail.com

DINHEIRO
inteligente

20 ELIMINANDO DÍVIDAS E GERENCIANDO CRÉDITO

Por Natália Cunha

Cresci vendo minha mãe "dar um jeito em tudo" com o cartão de crédito. Eu me lembro de pedir coisas e ela me responder: "Não tenho dinheiro, pois isso não dá em árvore". E eu dizia: "Passa no cartão!", porque, para mim, o cartão de crédito era como uma varinha mágica. Meu pai sempre foi mais rigoroso, também me dizia muitos "nãos". Mal eu poderia imaginar que aí já se estabelecia uma crença limitante na minha relação com o dinheiro.

Passei a me endividar após descobrir o "pote de ouro no fim do arco-íris" chamado cheque especial. Como não tive educação financeira na escola e também não tinha conhecimento sobre o assunto, comecei a gastar de forma compulsiva, acreditando que aquele dinheiro me pertencia. Quanto mais eu gastava, mais crédito recebia dos bancos, e como não tinha controle com meu dinheiro e nem com os meus gastos, fazia todo tipo de cartão.

Agindo assim, me sentia supervalorizada, pois os "nãos" que eu recebia na minha infância se tornaram os "sins" com todo o crédito que eu tinha a meu dispor. Desenvolvi uma compulsão por compras; rapidamente, isso se tornou dívidas enormes, resultando num valor aproximado de 80 mil reais.

Por falta de orientação e até por acreditar que "escondendo a fatura" eu sairia da dívida, elas foram se acumulando. Enquanto isso, meu crédito no mercado ia diminuindo e abrindo margem para eu me afundar ainda mais, com os famosos empréstimos.

A falta de conhecimento em relação à educação financeira me levou ao fundo do poço. Eu me lembro de um certo momento em que não conseguia pagar meu almoço no trabalho, pois estava tão enrolada com as dívidas que não fazia ideia do prejuízo que isso já me causava.

Tinha um objetivo desenhado, mas ainda não posto em prática, que era o de sair da casa dos meus pais. O consumo excessivo me levou para esse lugar. Felizmente, eu tinha tal meta, porém, como estava muito endividada, não conseguia ver que isso poderia se tornar realidade, até que comecei a estudar muito sobre educação financeira, para tentar "recuperar" todo o tempo e dinheiro que perdi.

É importante notar que a acumulação de dívidas, em certa medida, é uma prática financeira comum e, muitas vezes, necessária para adquirir bens e serviços. No entanto, o gerenciamento responsável das dívidas é crucial para evitar problemas financeiros, como juros elevados, cobranças de dívidas e danos ao histórico de crédito. Algumas pessoas buscam estratégias para sair do endividamento e recuperar uma situação financeira saudável, mas não conhecem seu próprio orçamento.

Se eu perguntar se você tem o controle exato dos seus gastos, provavelmente a sua resposta será "sim". Mas, se olharmos minuciosamente o seu extrato, veremos que as idas ao shopping e/ou os pedidos feitos nos aplicativos de compras foram os vilões do seu dinheiro no fim do mês. Esse é um cenário comum, pois, muitas vezes, não sabemos gerenciar nosso dinheiro e idealizamos nossos gastos em despesas fixas, como supermercado, aluguel, estudos etc.

Segundo dados do Serasa, em agosto de 2023, o Brasil teve 71,74 milhões de inadimplentes, ou seja, pessoas endividadas.

Quantas noites você já ficou sem dormir pensando em como pagar uma dívida? Quantas vezes não conseguiu se concentrar nos estudos ou no trabalho por conta de uma dívida?

Imagine que você está dirigindo seu carro e, de repente, uma luz de aviso do motor acende. Ao levar o carro a um mecânico para diagnosticar e resolver o problema-raiz, você decide simplesmente cobrir a luz acesa com uma fita adesiva. Embora a luz esteja temporariamente oculta, o problema no motor continua a se agravar. Eventualmente, seu carro pode quebrar completamente. Da mesma forma, quando se trata de dívidas, ignorar a causa-raiz é como cobrir a luz de aviso do motor: a dívida pode persistir e se agravar até que seja resolvida.

Eliminar dívidas pode parecer uma jornada desafiadora. Ao criá-las, você sinaliza que sua mentalidade em relação ao dinheiro precisa ser reavaliada. Muitas vezes, erros comuns sobre o dinheiro podem levar a esse comportamento inadequado. Com as orientações apresentadas neste capítulo, você seguirá o caminho para reconquistar sua estabilidade financeira e desfrutar de uma vida livre das amarras dos endividamentos.

Como eliminar dívidas

1. Organize seu orçamento

Para manter um equilíbrio financeiro sólido, identifique as razões por trás das dívidas. Levante seu orçamento pessoal e analise receitas e despesas, eliminando gastos desnecessários.

2. Liste todas as suas dívidas

Compreenda o montante devido, quem são os credores, os valores principais e os juros associados. Elabore uma lista para facilitar negociações e consulte birôs de crédito para verificar sua situação.

3. Elimine gastos supérfluos

Mantenha o controle sobre despesas excessivas, distinguindo entre necessidades e supérfluos. Avalie gastos com mensalidades, alimentação e consumos eventuais, eliminando o que não é essencial.

4. Defina o que pagar primeiro

Priorize dívidas essenciais, considerando seu impacto na vida familiar. Contas como água, luz, aluguel e compromissos com juros mais altos devem ter foco prioritário.

5. Renegocie suas dívidas

Busque a renegociação com credores, apresentando propostas realistas e vantajosas. Demonstre intenção de pagamento, mas sob condições que sejam equitativas para ambas as partes.

6. Explore novas fontes de renda

Venda itens não utilizados e explore talentos para gerar renda extra. As possibilidades de renda extra são vastas e vale a pena explorá-las para afastar de vez os juros e as multas de dívidas atrasadas. Por exemplo:

- trabalho *freelance* digital: fotografia, jornalismo, programação, redação, tradução, diagramação de materiais escritos e marketing;
- comercialização: venda de doces, bolos, salgados, lanches, marmitas, roupas, calçados e ferramentas, dentre outros;

- prestação de serviços: aulas particulares, consultorias, serviços de corte e costura, reparos em objetos e equipamentos e manutenções em geral.

Agora que você já aprendeu como liquidar suas dívidas, é importante manter um olhar atento sobre suas finanças. É crucial ressaltar a importância de monitorar seu dinheiro com frequência. Cada transação deve ser registrada, e todos os seus ganhos e gastos devem estar sob seu controle. O segredo reside em conhecer todos os detalhes de sua vida financeira. Não subestime essa tarefa, pois ela desempenha um papel fundamental na quitação de dívidas existentes e na prevenção de outras, decorrentes de desatenção.

Adote um estilo de vida mais modesto, a fim de evitar o superendividamento. Não é necessário ter o último modelo de celular ou roupas de grife. Portanto, reavalie seu padrão de vida e reflita sobre as consequências de gastar mais do que o necessário para atender às suas vontades. Seu bolso agradecerá.

Recuse a tentação de contrair novas dívidas ao sair de uma situação de endividamento. Muitas pessoas experimentam alívio ao liquidar suas dívidas, mas algumas cedem à tentação de usar o cartão de crédito ou o cheque especial para adquirir produtos e serviços, resultando em um novo endividamento, como aconteceu comigo. Algumas sugestões para evitar essa situação incluem:

- evitar parcelamentos;
- avaliar as taxas de juros de cada prestação, caso a compra seja realmente necessária;
- priorizar pagamentos à vista; e
- pesquisar antes de fechar negócio para obter melhores descontos.

Essa abordagem cautelosa pode fazer a diferença na consecução de suas metas financeiras a médio e longo prazo.

Gerenciando crédito: estratégia para ter uma saúde financeira sólida

O gerenciamento de crédito é essencial para que você mantenha uma saúde financeira sólida, em um mundo cada vez mais direcionado para transações eletrônicas e uma economia baseada em crédito. Uma gestão eficiente não apenas facilita o acesso a recursos financeiros, como evita armadilhas. Aqui, vou explorar os princípios fundamentais para um gerenciamento de crédito bem-sucedido:

1. Avalie suas necessidades

Antes de buscar crédito, analise cuidadosamente suas necessidades financeiras, alinhando-as aos objetivos de curto e longo prazo. Evite o uso impulsivo do crédito, adequando-o de modo estratégico às metas.

2. Conheça seu perfil de crédito

Mantenha-se informado sobre seu histórico de crédito, verificando pontuações e relatórios regularmente. Um bom histórico facilita a obtenção de crédito e influencia taxas de juros favoráveis.

3. Defina objetivos financeiros e planeje seu orçamento

Determine metas financeiras claras, criando um orçamento com base em receitas e despesas. Tenha controle sobre sua capacidade de pagamento.

4. Escolha as melhores opções de crédito

Compare opções, considerando taxas de juros e prazos de pagamento. Escolha aquela mais adequada às suas necessidades, evitando surpresas desagradáveis.

5. Pague em dia

Cumpra os prazos de pagamento, construindo um histórico positivo. Pagamentos pontuais abrem portas para condições mais favoráveis no futuro.

6. Mantenha um limite de crédito prudente

Estabeleça limites de acordo com sua capacidade de pagamento. Evite utilizar o crédito ao máximo, prevenindo o endividamento excessivo.

7. Fique atento às mudanças no mercado

Acompanhe as condições econômicas e políticas que impactam as taxas de juros e a disponibilidade de crédito. Ajuste sua estratégia conforme for necessário.

A gestão eficaz do crédito é fundamental para manter uma saúde financeira sólida. Adote uma abordagem consciente, empregando o crédito como uma ferramenta para alcançar metas financeiras, ao mesmo tempo que evita armadilhas que possam causar instabilidade a longo prazo.

Livre-se das dívidas e descubra a verdadeira liberdade financeira! Cada pagamento é um passo rumo ao seu sucesso financeiro!

Natália Cunha

Polly Bopp

Polly Bopp nasceu no interior do Rio Grande do Sul e, aos 17 anos, foi se aventurar na capital. Cursou faculdade de Direito, com bolsa de estudos, tendo sempre trabalhado para se manter.

Em meados de 2017, se deparou com um superendividamento, momento em que buscou as ferramentas necessárias para mudar sua situação. Ao compartilhar seus processos educacionais, percebeu na educação financeira seu propósito de vida. Assim, especializou-se na área e, em 2022, criou sua própria metodologia de ensino.

É assessora jurídica, mentora educacional e palestrante. Possui como valor inegociável o atendimento humanizado, desenvolvendo nos seus alunos a capacidade de alicerçar a vida em estruturas sedimentadas, para que cheguem à emancipação financeira de forma consciente.

pollybopp

academiacastell.com

Polly Bopp

educadorapolly@gmail.com

DINHEIRO
inteligente

21 A PSICOLOGIA DO INVESTIMENTO: TOMANDO DECISÕES RACIONAIS

Por Polly Bopp

Todos nós, em algum momento, já cometemos equívocos financeiros, porém persistir nesses erros, em desacordo com o que se crê, gera frustração e uma vida repleta de distúrbios emocionais. Geralmente, as pessoas sabem que devem mudar, porém simplesmente não conseguem fazê-lo.

Pesquisas recentes mostram que apenas 31% dos brasileiros investem, sendo que, nesse contexto, 26% aplicam na poupança – um produto que não acompanha as perdas inflacionárias. Por outro lado, 76,7% das famílias estão endividadas, das quais 29% estão inadimplentes e quase metade dos consumidores não controla os gastos de compras parceladas, aumentando os níveis de endividamento. Ainda, existe um apontamento de que 52% dos idosos são os principais responsáveis pelo sustento das famílias e, deste montante, 71% dos aposentados que ainda trabalham buscam complementação de renda.

Além disso, a ignorância atrelada à ganância faz com que crimes conhecidos como "investimentos do pix", pirâmides, "investimentos em bitcoin", por corretoras não credenciadas, apostas e jogos de azar variados sejam naturalizados nas redes sociais e na internet. Tais atividades dão espaço a um desenfreado erro na interpretação da palavra investir, pois muitas pessoas perdem suas poucas economias acreditando na ilusão da facilidade de multiplicação do dinheiro.

Nesse cenário, comprova-se a dificuldade no gerenciamento e na alocação de recursos: jovens e adultos repetem o ciclo da "corrida dos ratos", que significa trabalhar, esperar o salário, pagar as contas e ficar sem dinheiro. Reflita: quantas pessoas ao seu redor se encaixam nos exemplos acima?

A solução dos problemas explanados estaria nas mãos de melhores políticas públicas, na gestão governamental ou no fato de o indivíduo ter um orçamento coerente com sua realidade? Nesse ponto, é necessário dizer que decisões financeiras são, também, sintomas de situações emocionais, pois falar sobre dinheiro ativa pensamentos e sentimentos de forma automática e impulsiva. Ou seja: o desenlace por trás de decisões racionais com as finanças vai muito além das alternativas referidas.

Ferreira, uma das mais conceituadas especialistas em psicologia econômica do Brasil, afirma: "dinheiro é uma construção social. Isso significa, entre outras coisas, que seu valor depende da cultura em que está inserido e de um tipo de crença coletiva, isto é, ele só valerá alguma coisa se todos aqueles que o utilizarem confiarem nesse valor. Nesse sentido, depende também de como seu significado é transmitido às sucessivas gerações". Percebe-se, então, uma construção de como cada indivíduo encara as finanças, a partir do local que habita e de onde veio.

Além disso, cumpre dizer que o cérebro humano, a princípio, é tão perfeito para a sobrevivência que atalha a tomada de decisão. Por exemplo: imagine ser necessário pensar antes de decidir caminhar? Contudo, esse fator tem extrema importância com relação às decisões financeiras, dado que, normalmente, o cérebro evita entrar em contato com uma situação desafiadora, por exigir pensamento criterioso e demandar gasto de energia.

Segundo Velloso, "do ponto de vista do cérebro é melhor continuar em uma situação ruim, mas familiar, do que tentar mudar para algo melhor". Ou seja, o cérebro é preguiçoso, dificultando que novas informações acarretem mudança de comportamento. Por isso, analisar o perfil comportamental individual faz com que seja possível traçar uma vida em arquitetura de escolhas voltada a não só gerir e investir o dinheiro, mas também a manter-se firme em propósitos de longo prazo, por mais que isso não seja habitual na vida de determinado indivíduo.

Kahneman, psicólogo e economista ganhador do Prêmio Nobel de Economia em 2002, cunhou dois tipos de processos cognitivos: o Sistema 1 e o Sistema 2, a fim de demonstrar os principais operadores na tomada de decisão. O primeiro é regido por operações rápidas, automáticas, sem esforço algum, e considera a vida passada em aprendizado e meio de convívio. Nesse sistema, existe dificuldade de controle, além de mudança de atitudes. A exemplificação: como a maneira de alguém escovar os dentes, manifestar opiniões etc. Já o Sistema 2 é lento e analítico, avaliando e necessitando de um campo de reflexão sobre o que um indivíduo está fazendo. Nele, é associado o raciocínio, tendo como exemplo o momento de início da alfabetização, a análise de um novo projeto e o modo como alguém realiza atividades a que não está habituado.

As pessoas tomam cerca de 35 mil decisões por dia, e 95% delas se dão no piloto automático: ou seja, utilizando o Sistema 1. Assim, tem origem o principal causador das dificuldades financeiras e de investimentos. Esses atalhos decisórios, chamados de heurísticas na psicologia econômica, quando recaem em erro de comportamento, são conhecidos por vieses. Em síntese, trata-se do julgamento, que pode estar errado, sobre determinada situação, contudo, você acredita nele em virtude dos atalhos do cérebro e acaba indo de encontro com aquilo que realmente deseja ter como resultado.

Já foram mapeados 188 vieses que afetam a tomada de decisão. A partir disso, é necessário que se observe quais são os vieses preponderantes na vida de determinada pessoa, para que seja aumentado o ruído do Sistema 2 no ato decisório. Além disso, modificar o ambiente ao redor, racionalmente, para gerar um resultado 'x' na vida financeira, é um exercício de autopercepção que auxilia na futura automatização de mudanças comportamentais.

De modo a delinear melhor o escopo racional na mudança de comportamento, retrato a época em que eu era superendividada: queria sair daquela situação e fazer investimentos para o futuro, mas qual seria o ponto de partida? Procurei novos conhecimentos: estudos sobre orçamento, renda extra, psicologia econômica, economia comportamental e investimentos. Todavia, apenas esses aprendizados, por si só, não me fariam mudar hábitos nocivos cultivados em 30 anos de vida. Então, coloquei o raciocínio crítico acima da minha vontade (por mais que não fizesse sentido algum na época) e, diante daquele conteúdo inusitado, identifiquei vieses como o da autoconfiança excessiva, do presente, do efeito manada e do desconto hiperbólico na minha rotina. Nesse momento, decidi moldar o ambiente externo para afastar essas reações instantâneas e ter hábitos mais saudáveis.

Avessa a julgamentos externos e afastando a necessidade de pertencimento, parei de seguir lojas nas redes sociais, me descadastrei de *newsletters* de vendas, quebrei meu cartão de crédito, removi da rotina núcleos sociais que estavam em desacordo com meu momento de vida e direcionei toda renda extra ao pagamento de dívidas e aos primeiros investimentos. Além disso, mudei drasticamente meu estilo de vida a fim de que as despesas ficassem abaixo das minhas receitas.

Contribuindo para o caminho da transformação, deixava o ambiente agradável toda vez que precisava analisar meu orçamento, cuidando dos mínimos detalhes, como o som e a luz. A mesa tinha que estar limpa, tomava um chá para relaxar e anotava na agenda todos os compromissos propostos. O processo foi longo, todavia a sinalização de referências externas contribuiu para remodelar hábitos, com perspectivas de um futuro diferente. A situação vivenciada não foi negada, houve acolhimento da dor e autoperdão, o que afastou o vitimismo e deu espaço para o protagonismo consciente.

Houve decisões racionais para investir tempo, análise de estratégia e direcionamento das finanças na construção de uma vida rica. Hoje, já são colhidos os frutos desse processo e muitos erros comportamentais deram espaço a saudáveis hábitos. Isso não quer dizer que se deve deixar de ter senso crítico sobre as próprias atitudes, mas, sim, aprimorar as ferramentas utilizadas, em busca de consolidar novos investimentos de vida.

Conforme a CVM, o investidor possui alguns vieses preponderantes. Dentre eles, estão:

- ancoragem: o acesso a uma informação recente leva a considerá-la na tomada de decisão, por exemplo: na queda generalizada do mercado, a avaliação ineficiente da notícia acarreta prejuízo financeiro para quem vende ações com sólidos fundamentos;
- aversão à perda: insistência em investimentos sem perspectiva de futura melhora — há medo da dor de gerar prejuízo e de admitir erro de escolha;
- falácia do jogador: se refere ao cálculo de algo conforme a quantidade de vezes que ela ocorreu (lembre: ganhos passados não representam garantia de rentabilidade futura);
- viés de confirmação: tendência de confirmar as próprias convicções e negar o restante ao seu redor; e

- lacunas de empatia: subestima-se a influência do próprio estado emocional no ato decisório.

É sabido que não existem regras prontas para o comportamento humano e os vieses são a partida para o mapeamento das interferências na tomada de decisão econômica. Lembre-se de que você tem a opção de não fazer parte das estatísticas descritas no início do capítulo; mas, para isso, será necessário vigiar e refletir sobre os próprios impulsos.

Quero desafiá-lo a criar um ritual financeiro, afastando qualquer erro identificado, a fim de aproximá-lo dos seus planos. Não existe uma resposta certa, pois estamos falando da singularidade de se relacionar consigo mesmo e com os outros. Porém, a implementação de um plano de ação trará clareza e intimidade com o dinheiro, fazendo-o trabalhar a seu favor.

Se você chegou até aqui e quer tomar decisões mais racionais com relação ao dinheiro e aos investimentos, entre em contato comigo! Vou presenteá-lo com um mapa mental de ação. Não esqueça que cada detalhe da sua vida tem importância e que mesmo na terra árida tudo é possível. Portanto, esteja consciente do investimento mais precioso da sua vida: o tempo, criando proezas fantásticas e construindo, sem medos, novos caminhos.

“Dinheiro é comportamento; investimento, um hábito.”

Polly Bopp

Rafael Hetchko

Eu me chamo Rafael Hetchko, sou natural de Curitiba (PR), casado com Francieli Galo há 10 anos e pai da Sophia, de 7 anos. Recentemente, descobri que serei pai novamente.

Sou especialista financeiro e em investimento numa das principais empresas do país, a Ademicon. Tenho graduação em Administração em Turismo, pós-graduação em Gestão Estratégica e MBA em Controladoria e Finanças.

Meu propósito de vida é levar o melhor para a minha família, e meu objetivo profissional é ajudar meus clientes a alcançarem seus objetivos. É o que tenho conseguido com êxito ao longo do tempo, principalmente nos últimos três anos.

financascomrafael

+55 (41) 99169-1077

Rafael Hetchko

resultadosfinanceiros.rf@gmail.com

DINHEIRO inteligente

22 INVESTIMENTOS EM BENS IMOBILIÁRIOS: CONSTRUINDO PATRIMÔNIO

Por Rafael Hetchko

Tenho percebido, ao longo dos anos, que trabalhar para ganhar dinheiro está ainda mais desgastante. Cada dia ele tem menos valor, e mais temos que nos doar.

Na minha vida, busquei sempre fazer o máximo possível: seja para aprender, desenvolver ou conquistar. Concluí que existem caminhos para conquistar mais, e, para isso, é preciso estar preparado, ter informações, ferramentas, pessoas e foco. Logo, entendi que posso ajudar as pessoas a também trilharem um caminho de conquistas. Em minhas redes sociais, entrego diariamente pílulas de informação aos meus seguidores e vejo como todos estão carentes de informações de qualidade. Às vezes, numa breve conversa, consigo esclarecer muitas dúvidas e ajudá-los.

Meu perfil é de exatas, conservador e analítico. Ou seja, sempre precisei de muita informação e segurança para tomar qualquer decisão, e isso me preservou de muita coisa. Porém, ao mesmo tempo, me atrasou para diversas outras. Até meus 28 anos, eu era um excelente guardador de dinheiro, mas um péssimo "fazedor de dinheiro".

Desde pequeno, sou apaixonado por imóveis, devido à influência dos meus pais. Ele (funcionário público) e ela (do lar) sempre batalharam para me dar educação, valores e estrutura. Eu me lembro das casas onde moramos e daquelas que eles construíram, e isso me leva a duas principais recordações. Na primeira, eu tinha 10 anos e adorava brincar na minha casa e nas casas que meus pais tinham alugadas. Achava o máximo "eu ter várias casas" para brincar. A outra lembrança é de quando eu tinha 26 anos. Havia acabado de chegar em casa do trabalho quando um dos inquilinos bateu palmas no portão. Quando atendi, ele me deu um "bolo de dinheiro": era o aluguel do mês. Na hora, pensei: "Que incrível! Meu pai nem chegou do trabalho e está recebendo". Foi quando me deu um estalo: "Também quero isso".

Aos 28 anos, decidi me casar. E, como diz o ditado, "quem casa quer casa". Então, fui em busca disso. Em breve, veio o choque: eu não tinha dinheiro para comprar um imóvel e pensei: "Cadê o dinheiro que juntei durante tantos anos?". Infelizmente, só guardar dinheiro e não fazer com que ele se rentabilizasse foi o que me levou a fazer um financiamento. Eu mal tinha dinheiro para a entrada. Resolvi, então, comprar um imóvel na planta. Parcelei a entrada e, no prazo de dois anos até a entrega, fui juntando dinheiro.

Meu primeiro imóvel era simples: tinha 47,56 metros quadrados, adquirido pelo programa Minha Casa, Minha Vida. Foi minha primeira grande conquista imobiliária. Mas, quando fiz o financiamento, tinha duas certezas: a primeira era a de que eu não iria pagar todo esse financiamento; e a segunda era as de que eu queria conquistar um imóvel maior e melhor. Como os juros eram "baixos" e eu também melhorei meus ganhos no trabalho, conversei com minha esposa, dizendo: "Vamos comprar nossa nova casa?". Logicamente, ela se assustou, respondendo que não tínhamos dinheiro. Então, lancei as seguintes perguntas: "Você confia em você? Confia em mim? Vamos nos esforçar para conseguir!". E assim foi. Em apenas dois anos, compramos o segundo imóvel, o qual foi adquirido também na planta, para onde nos mudamos dois anos depois. E o apartamento em que morávamos, que foi nosso primeiro imóvel, colocamos para locação. O aluguel pagava a parcela do financiamento e ainda sobrava.

Quando recebi o primeiro pagamento, me lembrei daquela cena do meu pai... Então, não parei mais. Percebi que era fácil, que era possível! Assim que fomos morar no segundo imóvel, de 70 metros quadrados (ele era 50% maior que o primeiro), falei com minha esposa: "E agora, qual será o próximo imóvel?". Ela disse: "Calma, nem curtimos este ainda". Mas eu queria acelerar e ter mais fontes de renda, porque quem pagaria pelos imóveis seriam meus inquilinos. Eu havia entendido "o jogo" e também focava muito em nossa evolução e propósito. Você lembra? "Levar o melhor para minha família."

Dois anos depois, comprei um terreno, pois queria morar num imóvel maior. Numa visita à casa de amigos, nos deparamos com um condomínio incrível, que mexeu conosco. Na hora, minha esposa e eu nos entreolhamos e falamos: "Imagina morar aqui?". Nessa visita, comentamos sobre nosso interesse com nossa amiga e pedimos que ela nos avisasse a respeito de terrenos à venda. E adivinha? Ele apareceu. Não tínhamos todo o dinheiro, mas me desafiei, fiz um empréstimo e comprei o terreno. Também não tínhamos dinheiro para a construção.

Nesse momento, eu já tinha três imóveis: um locado, um onde morávamos e o terreno. Nessa jornada, houve mais um acontecimento que mudou minha vida. Num churrasco, um conhecido que trabalhava numa empresa de consórcio (Ademilar, atual Ademicon), me abordou e disse: "Rafael, vi que está investindo em imóveis e que está financiando. Já pensou em usar consórcio?". Sabe qual foi minha resposta? "Não quero, não gosto, não me interessa!"

Veja como fui ignorante! Eu nunca tinha feito consórcio, não entendia como ele realmente funcionava e acha que estava fazendo o melhor negócio financiando meus imóveis. Então, sabiamente, ele me disse: "O que acha de conversarmos no meu escritório e eu lhe provar que posso melhorar suas conquistas?".

Sempre tive uma filosofia: "Nunca se negue a ter informações!", então, aceitei o convite. Quando ele me explicou tudo, fiquei chocado e encantado ao mesmo tempo, pois percebi que não estava adquirindo imóveis da melhor forma e que estava deixando de ganhar dinheiro.

Em 2014, fiz uma carta de R$ 250.000,00 por cerca de R$1.000,00 por parcela. Quando você está focado no propósito, tudo conspira a seu favor. Você se lembra dos imóveis que meus pais construíram ao longo da vida? Eles decidiram fazer a partilha em vida para mim e meus dois irmãos. Vendi minha parte e quitei o empréstimo do terreno. (Veja a importância de meus pais terem acumulado patrimônio. Isso nos ajudou e ainda nos inspirou a fazer o mesmo!)

Cerca de dois anos depois, contemplei minha carta de crédito. Com a contemplação, comecei a construção da minha casa. Que sensação incrível, desenhar, imaginar e perceber que estava no caminho certo! Em 2020, já morava nessa nova casa, de 240 metros quadrados (que era 300% maior que meu último imóvel).

Resolvi vender o apartamento onde morávamos. Com o capital em mãos, dei entrada em mais dois imóveis. E então veio a "grande virada"! Estudando o mercado imobiliário, decidi investir em estúdios para locação via Airbnb (ou outra plataforma similar). Cada imóvel valia R$ 200.000, e o retorno de aluguel estava próximo a 2% ao mês. Ou seja, R$ 4.000 por mês por imóvel. Como entrada, dei apenas 30% e, para o restante, fiz cartas de crédito de R$ 200.000,00. Cada carta me custa R$ 1.000,00 ao mês. Com o aluguel de R$ 4.000,00, pago a parcela do consórcio e ainda sobram R$ 3.000,00 por imóvel, que reinvesti em mais seis cartas de R$ 200.000. Quando essas cartas contemplarem, comprarei mais imóveis. Como meus inquilinos pagarão as parcelas, sobrará dinheiro. Assim, repetirei o processo. Entendeu "o jogo"?

Vou lhe mostrar a valorização e o lucro dos imóveis onde morei:

Imóvel	Valor Compra	Tempo Valorização	Valor Venda	VALORIZAÇÃO	
				R$	**%**
1º imóvel	R$ 110.000,00	45 meses	R$ 200.000,00	R$ 90.000,00	82%
2º imóvel	R$ 278.000,00	42 meses	R$ 440.000,00	R$ 162.000,00	58%
3º imóvel	R$ 438.000,00	36 meses	R$ 1.200.000,00	R$ 762.000,00	174%
			GANHO TOTAL	**R$ 1.014.000,00**	

Não importa se estamos falando de imóvel residencial, comercial, estúdio ou construção: imóveis sempre foram uma excelente opção de investimento, porque, além da valorização e do patrimônio constituído, você ganha na venda. Ou, se decidir alugar, terá renda passiva, vitalícia e hereditária. Mas o que realmente importa é o que está por trás desses imóveis: o conforto, a segurança, a qualidade de vida, a renda e as oportunidades. Ou seja, garantir o melhor para a família.

Você deve estar se perguntando: "Mas como começar? Que tipo de imóvel comprar? Que ferramenta usar na aquisição?" Trato de tudo isso nas minhas consultorias, mas a primeira dica que dou é: vá atrás de informações. Uso várias frases de efeito na minha vida; para esse contexto, usarei a seguinte: "Tenha informação. Com informação você tem poder de decisão". Acesse minhas redes sociais e você encontrará muitos dados sérios e questões como essa: qual é a melhor forma de comprar um imóvel?

	À vista	Financiamento	Consórcio/ Pós-contemplação
Valor imóvel	R$ 200.000,00	R$ 200.000,00	R$ 200.000,00
Entrada	R$ 200.000,00	R$ 40.000,00	R$ -
Parcela	R$ -	R$ 1.500,00	R$ 1.000,00
Prazo		30 anos	20 anos

Todos têm seus pontos fortes e fracos; por isso, é preciso analisar cuidadosamente.

Qual é o melhor imóvel para comprar? Abaixo, apresento os mais procurados:

	Residencial	Sala comercial	Estúdios
Valor imóvel	R$ 200.000,00	R$ 200.000,00	R$ 200.000,00
Aluguel %	0,4%	0,8%	1,5%
Aluguel R$	R$ 800,00	R$ 1.600,00	R$ 3.000,00
Observações	É preciso considerar, no mínimo, a localização, o estado do imóvel, a face, o andar e o público.		

Veja: tudo o que estou construindo e conquistando precisou de informações, ferramentas, pessoas e foco, mas o fator principal foi o tempo. Tudo tem um tempo para acontecer. O quanto antes começar, mais cedo você conquistará e por mais tempo usufruirá do que alcançou. Então, comece! Faça o dinheiro trabalhar por você!

> **Você trabalha muitos anos para ter dinheiro. Essa chave precisa virar, até o dinheiro trabalhar para você! Quer uma dica? Invista em imóveis.**
>
> Rafael Hetchko

Roberto Brandini

Meu nome é Roberto Brandini, tenho 29 anos e sou de Aracaju (SE). Iniciei minha jornada com os investimentos no Banco Safra, como assessor do público de alta renda. Sempre mergulhado nas notícias financeiras, resolvi, um dia, gravá-las por 1 minuto e compartilhá-las no Instagram. Foi um sucesso inesperado. Chamei o programa de "Brandini News: notícias do dia em 1 minuto". Hoje, sou professor de investimentos para empresários.

brandininews

23 EDUCAÇÃO FINANCEIRA NAS ESCOLAS E UNIVERSIDADES

Por Roberto Brandini

Pare e pense: quando você ouve a expressão "educação financeira", do que se lembra? De cortar gastos, não é? Será por isso que ninguém quer ouvir falar sobre esse tema? E se eu lhe dissesse que a educação financeira vai muito além de corte de gastos e que uma vida financeiramente organizada é o subproduto da combinação de fatores que não têm nada a ver com preencher uma planilha de Excel contendo seus gastos fixos, você acreditaria?

Enquanto estamos juntos aqui, neste livro, um menino de 13 anos de idade, recém-chegado ao Ensino Médio de uma escola pública dos Estados Unidos, está aprendendo os conceitos básicos de taxa de juros, bolsa de valores e inflação, para construir sua carteira de investimentos. Ao mesmo tempo, o Brasil intencionalmente oculta esse conhecimento de sua população, por motivos que já veremos adiante. Em vez de aprendermos sobre investimentos e conceitos financeiros, como os diferentes tipos de impostos ou como desenvolver uma tabela de orçamento, fomos obrigados a decorar todas as vegetações do cerrado ou qual é a função específica da mitocôndria na reprodução celular. Estragar o aprendizado é simples, basta estragar a experiência. E, nesse aspecto, o nosso Brasil atuou com maestria.

O brasileiro, sem entender o que é a taxa Selic, não terá problemas em aceitar um empréstimo abusivo ao financiar seu apartamento. Sem saber o que é inflação, não terá dificuldade em aceitar um aumento insignificante no salário-mínimo. E vou além: o brasileiro que não aprendeu a linguagem básica dos investimentos, isto é, taxa Selic, inflação e bolsa de valores, tem uma visão reduzida sobre os negócios e a prosperidade em sua vida. Logo, acaba vivendo uma vida sem propósito, tornando-se suscetível a gastos excessivos em seu dia a dia.

Se eu lhe dissesse que o governo controla com mais facilidade uma população compulsiva e sem educação financeira, você acreditaria? Com muita gente comprando e pouca gente vendendo, bingo! Os preços sobem naturalmente. Fica fácil para o governo criar propaganda contra um inimigo comum: o empresariado, que aumenta os preços por pura ganância financeira. Para resolver a inflação alta, o governo sobe a taxa de juros do país, esfriando a economia e forçando a demissão em massa pelos empresários. Bingo 2! Campanhas políticas com promessas de emprego nas próximas eleições contra o inimigo comum: os empresários. Tudo isso poderia ser facilmente debatido se aprendêssemos o que são taxas de juros e inflação na escola.

A economia está em tudo no nosso cotidiano. Da comida que comemos até a casa onde moramos. Entender sobre educação financeira tem o poder de ampliar nosso leque de pensamentos. Desde o desejo de abrir uma empresa, por entender de taxa de juros, a decidir em quem votar, pois saberemos se as promessas feitas pelos candidatos batem com o mecanismo básico da economia.

Ou seja: o que poderíamos ter aprendido em nossa infância ajudaria a nossa nação a prosperar ainda mais. Entender sobre taxa de juros, inflação e bolsa de valores é tudo o que você precisa para dar os primeiros passos no mundo dos investimentos. O que, muitas vezes, se ouve como educação financeira é apenas um controle excessivo sobre seus gastos. Afinal, do que adianta economizar se você não sabe o que fazer com o dinheiro poupado? O 'não' que você diz hoje acumula para o 'sim' de amanhã. O mais importante, no entanto, é entender a raiz emocional por trás da desorganização financeira. Compras obsessivas podem estar ligadas à crença de inferioridade. Controlar cada centavo dos seus gastos pode ter a ver com a crença de escassez. Como você quer produzir um projeto de longo prazo com atitudes rígidas, insustentáveis?

Se eu lhe dissesse que parar de tomar refrigerante é o primeiro investimento que você precisa fazer, você acreditaria? O açúcar refinado adicionado no refrigerante causará um pico altíssimo de insulina, deixando-o mais ansioso para a próxima refeição. De uma hora para outra, você está sem autocontrole e acaba pedindo aquele iFood sem necessidade, à noite. E, quando você vai seguir o padrão imposto pela educação financeira, vê o seguinte: diminuir gastos com o iFood. Mas me responda: como é possível diminuir esse gasto em tal contexto?

Antes de qualquer planilha, de qualquer investimento ou aula de educação financeira que você terá na internet, a pergunta que precisa fazer a si mesmo é: "para onde minha vida está indo?". Se essa pergunta lhe causa estranhamento, é porque ela precisa ser feita. O resultado que procura está no comportamento que ainda não tem. O fantástico mundo da organização financeira pertence àqueles que sabem responder a essa pergunta rapidamente. Daí, o investimento se torna uma consequência, e não um objetivo.

Agora, será que aqueles que rapidamente respondem a essa pergunta sabem o que precisa ser feito? Quantos empresários têm a vida financeira abundante e sofrem com sobrepeso ou com problemas psicológicos? Afinal, o que é a tal educação financeira? É ganhar mais do que se gasta? É ter 1 milhão investido na bolsa de valores? É entender o que é taxa de juros e inflação?

Imagine alguém com sobrepeso em busca de um corpo sarado. Qual é o caminho a seguir? Qualquer pessoa na rua vai dizer: exercício físico, alimentar-se bem e beber água. Mas o que acontece se o homem com sobrepeso rigidamente alterar sua rotina, da noite para o dia? Sim, a cena é clara em nossos olhos: ele segue a rotina por poucas semanas e acaba retornando ao estado inicial. Esse é você querendo preencher uma planilha de controle de gastos da noite para o dia.

Sabe qual seria um bom primeiro passo? Calcular o estrago. Passar uma lista de gastos uma vez só e podar as arestas desnecessárias. Um exemplo disso é plataforma de *streaming* que você não utiliza; ou, quem sabe, um aplicativo pago no seu celular que você não notou que continua pagando. Assim como no caso da pessoa com sobrepeso, é importante você se pesar e ver, na balança, quão acima do peso está, para começar sua jornada a partir de um número. É essencial encontrar a paixão em cada jornada.

E um bom segundo passo, você imagina qual seria? Procurar conhecimento. Agora que está sobrando dinheiro todos os meses na sua conta, onde você vai aplicá-lo? Vai seguir o guru no YouTube ou vai pedir conselhos ao gerente do seu banco? Você precisa ter segurança no que está fazendo. Quanto mais você entender, mais animado ficará para investir.

Um ótimo terceiro passo seria mudar de ambiente. Você perceberá que isso acontecerá naturalmente. Quando comer melhor e praticar atividades físicas todos os dias, o seu antigo ambiente improdutivo não fará mais sentido para você. Está preparado para uma temporada no deserto?

Por fim, um bom quarto passo seria a conexão. Você já sabe o que deseja na vida, já aprendeu o que é renda fixa, ações e fundos imobiliários. Em vez de se reunir com seus antigos amigos que o chamam para falar sobre festas, mulheres, futebol ou a nova criptomoeda que está bombando na internet para ganhar dinheiro rápido (aqueles que se metem a produtivos), você vai se conectar com pessoas que falarão sobre outros assuntos. De repente, a conversa são histórias de pessoas que conheceram que estão vencendo na vida. "Sabe o fulano, meu barbeiro? Ele abriu a própria barbearia!" "Aconteceu tal situação comigo. Como você lidaria com isso?" Uma importante mudança que você notará: numa conversa de dois tolos, não sai pergunta alguma!

A educação financeira é a ponta do *iceberg*. A saúde financeira é como a fruta de uma árvore. O meio de obter um fruto saudável está no nutriente do solo, na quantidade de água, na luz do sol e na qualidade das sementes que você planta. Trata-se de um conjunto intimamente relacionado.

A nutrição lhe dará a paciência para evitar gastos impulsivos. O exercício lhe ensinará que ganhos somente acontecem a longo prazo. Beber muita água lhe deixará com o pensamento rápido, o que possibilitará a tomada de boas decisões. Ter uma religião lhe dará confiança para enfrentar o desconhecido no seu dia a dia de trabalho, de forma que você ganhe mais dinheiro. O ambiente lhe proporcionará motivação para seguir adiante, e as novas conexões trarão novas ideias. Com tudo isso aplicado, a preocupação em preencher uma planilha da noite para o dia perderá totalmente o sentido. A jornada será em direção à sua educação financeira.

Em resumo, a educação financeira que não tivemos na escola e nas universidades não precisa limitar sua trajetória. Se você está lendo este livro, já está tomando uma excelente decisão na sua vida. Não se limite àquilo que foi imposto a você. Não seja um personagem na vida de outra pessoa, que lhe diz como você precisa agir com relação ao seu próprio dinheiro. Entenda as regras do jogo e descubra quem você é. Assim, você se tornará a educação financeira que tanto procura.

É só o começo!

Roberto Brandini

Sabrina Stella Cecchin

Meu nome é Sabrina Stella Cecchin, também conhecida como Sabrina Finanças. Minha missão é dar poder às pessoas através do conhecimento financeiro e de si mesmas. Sou administradora por formação e utilizo conhecimentos técnicos alinhados a processos de *coaching* para proporcionar uma vida mais poderosa, abundante e próspera aos meus clientes.

Empreendedora e administradora de empresas, sou pós-graduada em Direito Tributário e *Compliance*. Também sou *coach* e educadora financeira pelo Instituto Soaper.

@sabrina.financas

+55 (54) 99961-7006

sabri.stella@hotmail.com

DINHEIRO *inteligente*

24 CARIDADE E FILANTROPIA: A ARTE DE DAR E RECEBER

Por Sabrina Stella Cecchin

Passei vários anos da minha vida sem entender por que a prosperidade financeira não chegava até mim. Ou seria eu que a afastava da minha vida? Por isso, resolvi escrever este capítulo, na tentativa de ajudar você a compreender um conceito que pode torná-lo uma pessoa mais próspera. Trata-se do conceito da reciprocidade, ou da arte de dar e receber.

Você deve ter ouvido falar sobre a expressão dar e receber, mas já pensou por que ela é tão importante para nós? Essa expressão é comumente usada para descrever a reciprocidade nas relações humanas.

É muito comum encontrarmos pessoas insatisfeitas com a vida que levam, colocando a culpa de tudo no governo, no chefe ou no salário que recebem. Porém, os únicos culpados pela situação que vivemos somos nós mesmos. A maneira como agimos e pensamos impacta diretamente nossa vida financeira. Quando falo em dar e receber, não quero dizer que quem vai dar alguma coisa está perdendo. Não quero dizer, tampouco, que alguém precise perder para o outro receber. Imagine que sua vida gire como uma roda e que, para essa roda girar, ela precise das palavras "dar" e "receber". A maneira como você gira essa roda em relação ao dar e ao receber determina grande parte daquilo que você é, tanto financeiramente quanto em suas relações.

Dar e receber é uma expressão que se refere a um equilíbrio entre oferecer e ganhar algo em troca. É uma regra social que está presente em diversas culturas e pode ser definida como o ato de corresponder a uma ação ou um comportamento com outro semelhante ou maior. Uma diferente forma de aplicar esse conceito na vida pessoal se dá pela reciprocidade. A reciprocidade é uma necessidade real, pois é muito comum achar que, em uma relação em que há reciprocidade, todos fazem a mesma coisa. Isso não é verdade. A ação recíproca, também conhecida como dar e receber, envolve um evento em que uma ação positiva é respondida com outra. Ao passo que uma pessoa "compra", a outra "vende". Quando você abraça e o abraço é recíproco, você é abraçado de volta.

No entanto, nem sempre a ação positiva recíproca será exatamente igual à ação positiva que foi feita primeiro. Quando alguém beija a sua testa, você pode sentir vontade de beijar também a testa da outra pessoa, mas não é necessário fazer isso para agir com sentimento recíproco. Você pode responder ao estímulo dizendo "eu te amo" ou fazendo na pessoa um carinho. Aquele que desempenhou a primeira ação sentirá que foi correspondido.

Quando falamos em dar e receber, precisamos ter conhecimento de três tipos de pessoas: as que são doadoras têm como principal característica seus atos de bondade e doam sem esperar nada em troca. Sabemos que, se feito com vontade, esse ato provoca muitos benefícios em nossa vida. Porém, por não esperar nada em troca, algumas pessoas desse grupo têm dificuldade de receber, baixa autoestima ou, ainda, algumas questões emocionais, bloqueando o fluxo da prosperidade para si mesmas. As pessoas consideradas recebedoras ou tomadoras – que são o oposto das doadoras – estão aqui para receber, sem se importar com as consequências. Vivem apenas preocupadas com seu próprio bem-estar.

Para que o dar e o receber nos façam bem, precisamos encontrar um ponto de equilíbrio, o qual existe nas pessoas conhecidas como negociadoras – aquelas que têm sucesso em sua vida e carreira. Elas buscam uma harmonia entre dar e receber, sabendo que terão outros benefícios, e sem prejudicar o outro. Essa bondade dos negociadores cria relações de confiança, porque, quando nos dispomos a ajudar os outros sem esperar nada em troca, esses tendem a retribuir, criando, assim, um ciclo de troca. Tal reciprocidade, por sua vez, se manifesta de diversas maneiras, inclusive por benefícios financeiros e profissionais. Além disso, quando auxiliamos o próximo, experimentamos um senso de propósito e realização que contribui para uma maior satisfação pessoal e profissional em nossa jornada.

Crescemos ouvindo que "é melhor dar do que receber" e incorporamos essa máxima sem perceber que ambos são necessários em nossas vidas. Dar e receber são princípios que estão ligados e que têm um impacto significativo em nossa busca pela prosperidade. Com o passar dos anos, nossa maturidade vai aumentando e nos damos conta de que tudo em excesso gera a falta de alguma outra coisa. Por isso, deve haver um equilíbrio entre os atos de dar e receber.

Em várias situações do nosso cotidiano, nos doamos por completo em alguma tarefa, ou até mesmo em relacionamentos, amizades e trabalhos, e esperamos que essa dedicação seja recíproca (sim, devemos dar nosso melhor). Ao fazer isso, construímos uma rede de bondade e generosidade, além de abrimos espaço para receber cada vez mais coisas boas. Quando falo em receber, não me limito a coisas materiais. Falo de aceitação, amor, apoio e reconhecimento. Permitindo que outras pessoas nos ajudem, desenvolvemos a humildade; gerando conexão com outra pessoa, reconhecemos que precisamos do outro. A verdadeira prosperidade vem dessa troca.

Nossa sociedade está constantemente em busca da prosperidade, em diferentes áreas, seja financeira, profissional, em relacionamentos, na família ou na espiritualidade. Focados em obter dinheiro e bens materiais, nos esquecemos da importância de dar. Quando falo em dar, não me refiro somente a doar bens materiais ou dinheiro. Pode ser, por exemplo, uma doação de nosso tempo, de nossa energia, de conhecimento, habilidades etc. O dar e o receber são inseparáveis e complementares. Então, quando abraçamos esses princípios em nossas vidas, estabelecemos um fluxo de energia positiva e prosperidade.

Já sabemos, agora, que precisamos de equilíbrio entre o dar e o receber para conquistarmos a verdadeira prosperidade. Quando temos a capacidade de manter esse equilíbrio, podemos criar relacionamentos mais fortes, duradouros e também contribuir para uma sociedade mais justa e equilibrada. Mas como podemos fazer isso?

Cultivando a gratidão: foque em agradecer em vez de apenas pensar no que gostaria de receber. A gratidão envia energia positiva ao universo, atraindo ainda mais abundância. Reserve um tempo diariamente para agradecer e refletir sobre as coisas boas que você tem. Isso faz com que o nosso nível de ansiedade diminua. Agradeça a si mesmo, não diminua suas realizações e celebre suas conquistas.

Praticando a bondade: a bondade é o ato de fazer o bem a alguém sem esperar nada em troca. Pequenos gestos de bondade criam um ambiente positivo, abrindo portas para mais oportunidades.

Estabelecendo limites: defina limites para o dar e o receber e estabeleça limites claros para si mesmo, a fim de evitar se sobrecarregar.

Autocuidado: o autocuidado é importante para mantermos o equilíbrio em vários aspectos da vida. Lembre-se de cuidar de si mesmo, tenha um tempo para o que lhe faz bem e equilibre o cuidado ao próximo com o seu autocuidado.

Seja receptivo: esteja disposto a receber elogios e *feedbacks*, desenvolva a habilidade de ouvir, de compreender e seja uma pessoa aberta ao novo, sem preconceito e julgamentos. Receba a gratidão; permita-se essa troca.

Equilibre a doação: não se doe demais. Crie um ambiente saudável, em que o dar e o receber fiquem em sintonia. Doar-se em excesso pode indicar a busca pela aceitação e a falta de amor-próprio, resultando num ciclo de dar sem receber, o que ocasiona um desiquilíbrio emocional.

Meditação: é uma forma de encontrar a paz interior, pois ajuda a equilibrar a mente e o espírito e promove um equilíbrio entre o dar e receber. Além disso, a meditação é uma ótima ferramenta para reprogramar nossa mente e substituir crenças limitantes por pensamentos que atraem abundância. A prática do dar e do receber é essencial para termos uma vida plena e próspera. Ao darmos, abrimos caminho para receber algo em troca, muitas vezes inesperadamente maior do que aquilo que damos. E, ao encontrarmos um equilíbrio entre o dar e o receber, abrimos as portas para receber tudo o que o universo tem de mais maravilhoso para oferecer.

Toda energia que você tem precisa circular; então, lance-a ao mundo: ame, sorria, faça o bem, ajude o outro a ser próspero. Isso é uma troca, e tal troca será como uma via de mão dupla, pois é dando que se recebe, e dificilmente você receberá aquilo que não costuma dar. Dinheiro é energia, e para que essa energia chegue até nós, é preciso fazê-la circular; caso contrário, você não permitirá a prosperidade e a abundância em sua vida.

O ato de dar não deve ser encarado como se você estivesse perdendo algo, porque, dessa forma, significa que essa ação foi feita de má vontade, e isso não se multiplicará. A prática do dar e do receber é simples: se você quer alegria, dê alegria; se quer amor, aprenda a dar amor; se quer prosperidade, ajude os outros a serem prósperos também. A forma mais fácil de ter o que queremos é ajudando o outro a ter o ele quer. Só podemos dar aquilo que temos e devemos reconhecer que precisamos receber do outro aquilo que nos falta. Se você pensar que não tem nada a oferecer, há sempre um cumprimento, uma flor e até mesmo de uma oração. Ofereça algo agradável e faça circular a energia positiva que existe em você. Da mesma forma, aprenda a receber as pequenas coisas. Receba com gratidão a luz do sol, o canto dos pássaros, o seu salário, um bom-dia... Faça a prosperidade ser uma energia que circula em sua vida!

Quando aprendi a equilibrar o dar e o receber, tudo começou a fluir para mim. Inesperadamente, o universo me presenteou com inúmeros acontecimentos que, até então, estavam bloqueados. Digo que sou uma ótima negociadora agora, doando tudo aquilo que transborda em mim, seja amor, conhecimento ou sorrisos, e estou sempre pronta para receber mais amor e mais bondade, sem medo de aceitar essa troca.

Equilibre o dar e o receber e seja dona(o) do seu dinheiro.

Sabrina Stella Cecchin

Sarah Botelho

Meu nome é Sarah Botelho, nasci e morei praticamente toda a minha vida em São Paulo (SP). Sou mãe dos pets Bella e Suflê e de muitas plantinhas.

Meus pais e meu irmão vivem em Londrina (PR), cidade onde meu pai nasceu e, agora, desfruta de sua aposentadoria. Minha irmã vive em Perth, na Austrália, um lugar muito especial para mim. Minha primeira grande viagem foi para lá, um lugar onde me sinto em casa.

Sou formada em Administração e pós-graduada em Finanças Corporativas e *Investment Banking*. Também sou educadora, mentora financeira e assessora de investimentos. Meu objetivo é ajudar pessoas a conquistarem seus sonhos por meio do planejamento financeiro e de investimentos. Com uma carreira de 12 anos no mercado financeiro, buscando muito autoconhecimento, me sinto cada vez mais em linha com meu propósito e essência.

sarah.financas

Sarah Regina Botelho

DINHEIRO *inteligente*

25 MENTALIDADE FINANCEIRA E VIAGENS: EQUILIBRANDO O LAZER E AS FINANÇAS

Por Sarah Botelho

No momento em que escrevo este capítulo, estou em um intercâmbio de dois meses na Austrália, estudando inglês e visitando minha irmã, que vive aqui há 16 anos. Portanto, não poderia haver momento mais oportuno para desenvolver esse tema que tanto amo.

Aproveitei para refletir sobre as viagens que fiz em 2023 e concluí que não foram poucas. Foram cerca de doze viagens, três delas para fora do Brasil. Iniciei o ano na Austrália, numa vivência muito especial, em que trouxe meu pai, que nunca havia saído do Brasil, para conhecer a cidade onde minha irmã mora. Durante o ano, passei por muitos Estados e cidades brasileiras, visitei diversas praias e montanhas, fiz uma viagem para a Croácia e, finalizando o ano, novamente estou na Austrália. Não sou rica e nem tenho um salário excepcional, mas aprendi o que é realmente importante para mim, e viajar é uma das minhas paixões. Porém, para conquistar isso, é preciso muito trabalho, planejamento, autoconhecimento, fazer escolhas e elencar prioridades.

Meu objetivo neste capítulo é mostrar que se, assim como eu, você ama viajar – tenho até uma tatuagem no punho com a palavra *wanderlust*, que significa desejo de viajar –, que é possível incluir esse hábito em sua vida sem precisar se endividar. Viajar tampouco precisa ser uma fuga desesperada e não planejada da realidade, mas uma atividade de lazer, que lhe proporcionará dezenas de benefícios. Ao viajar, você expande sua mente, reduz o estresse e se torna uma pessoa mais resiliente e aberta para lidar com as mais adversas situações.

Hoje, infelizmente, a realidade do nosso país é outra. Segundo pesquisa realizada pelo Serasa, 4 entre 10 brasileiros já se endividaram devido a uma viagem de férias, e 66% dos entrevistados preferem deixar de viajar a fazerem dívidas.

De início, quero propor a você que passe a olhar para seu dinheiro não apenas como um pagador de boletos, mas sob outra perspectiva: como uma ferramenta para a conquista da liberdade, independentemente do que isso signifique para você. Para muitos, liberdade é poder desfrutar de momentos em família; ter condições de decidir onde se quer trabalhar; definir para onde viajar nas próximas férias; escolher o prato no restaurante pelo gosto, e não pelo preço; e decidir com quem se relacionar, dentre outras definições. Mas só você sabe o que é realmente importante para si.

Num passado não muito distante, o conceito de vida bem-sucedida era um roteiro pronto: estudar para entrar em uma boa faculdade, conseguir um bom emprego e ter uma carreira estável, comprar a casa própria e desfrutar da tão sonhada aposentadoria. E, sobrando algum tempo, ter momentos de lazer – mas com moderação. Os tempos mudaram e, para muita gente, esse *script* não basta. A forma de lidar com nossas decisões e emoções mudou também. Nunca se falou tanto em saúde mental e qualidade de vida como nos últimos anos. Também enfrentamos um cenário preocupante: de acordo com a OMS, o Brasil tem a população com a maior prevalência de transtornos de ansiedade do mundo.

Como parte dessa estatística, posso afirmar que passei boa parte da minha vida tentando me enquadrar nesse roteiro de vida pronto. Cresci ouvindo dos meus pais e da sociedade que aquele era o único caminho capaz de garantir satisfação profissional e pessoal. A questão é que somos diferentes uns dos outros, e uma única fórmula não funciona para a maioria de nós. As pessoas tomam, em média, 95% de suas decisões diárias de forma emocional, irracional ou inconsciente. Assim, me vi seguindo um fluxo, deixando a vida me levar, sem parar para pensar se o rumo que minha vida tomava fazia sentido.

O que mais me motivava a trabalhar durante todo o ano eram as próximas férias. Todo o meu dinheiro era destinado às viagens; então, sempre fui considerada a mão de vaca da turma. Nunca fui consumista: o que me ajudava na hora de poupar era minha reserva para a próxima viagem. E, a cada viagem feita, recomeçava do zero a juntar dinheiro para as férias seguintes. Hoje compreendo que isso não era saudável. Não havia equilíbrio e nem planejamento, e minha vida se baseava em expectativas futuras, até o momento em que isso se tornou insustentável.

O que quero dizer é que com planejamento e autoconhecimento é possível ter equilíbrio em toda as áreas da vida, sem negligenciar coisas que são importantes para nós e que, até mesmo, nos motivam a continuar. É por isso que tenho me dedicado tanto nos últimos anos a entender também mais sobre o comportamento humano, a relação do dinheiro com as emoções e como podemos remodelar hábitos que sabotam as nossas finanças e nos fazem tomar decisões ruins.

O que mais ouvimos é que para termos uma vida financeira saudável é preciso anotar todos os nossos gastos, pagar as contas em dia e investir em objetivos e no futuro. Considero tudo isso muito importante, mas a principal questão é: se você não tiver um motivo forte que o leve a realizar essas atividades, de nada adianta gastar o seu tempo, pois isso não se sustentará a longo prazo e você se sentirá frustrado.

Qual é a primeira coisa que você corta quando se vê em uma situação financeira delicada? Na maioria dos casos, o lazer é a primeira caixinha a perder lugar no orçamento. Porém, esse é um grande erro. Nosso corpo e nossa mente precisam de momentos de descanso para se recuperar das tensões do dia a dia, para nos tornarmos mais produtivos e até mais otimistas, ao sentir que os desafios estão valendo a pena. Essa é a real importância de controlar nosso orçamento, e é a única forma de conseguirmos equilibrar todas as áreas de nossa vida.

Nesse momento, precisamos expandir a mente, olhar para dentro e nos conhecer, além de tentarmos entender o que é importante para nós. Com esse objetivo, elaborei um conceito que denominei de "os 3 C". São eles:

1. **Consciência**: o autoconhecimento nada mais é do que ter consciência de suas habilidades, do que gosta e do que não gosta, conhecer suas ambições, limitações e desejos. Assim, você tem mais controle sobre suas emoções, noção de pontos em que você pode melhorar e quais objetivos quer conquistar, dentre outras coisas. Já ouviu a frase: "Se você não sabe para onde quer ir, qualquer caminho serve"? Passamos a vida toda seguindo

qualquer caminho. Repetimos diversos padrões preestabelecidos, quase vivendo no piloto automático. Devemos experimentar, testar, errar e acertar, entender o que faz sentido para nós, e não apenas fazer o que os outros dizem que precisa ser feito. Você já parou para pensar sobre quantas decisões toma que não condizem verdadeiramente com aquilo em que crê, ou por que não está em consciência plena?

2. **Clareza:** você tem clareza de qual é a sua situação financeira atual? Saberia dizer de bate-pronto qual o seu custo de vida? Se tem dívidas, sabe exatamente os valores a serem pagos e quanto do seu dinheiro está comprometido no futuro com parcelas do cartão de crédito? Essas são perguntas que deveríamos responder com facilidade, mas dificilmente conseguimos fazê-lo. Acreditamos que nossa mente é capaz de armazenar essas informações e fazemos uma "contabilidade mental" que, na maioria das vezes, acaba sendo falha.

Quando externalizamos esses dados, os registrando de alguma forma, conseguimos ter mais consciência da nossa situação, o que nos permite tomar decisões mais coerentes e assertivas. Tais ações são simples de serem implementadas. Elas exigem um pouco de dedicação e disciplina; porém, quando você tem uma motivação forte, é provável que se mantenha focado.

3. **Comportamento:** esse conceito pode ser um dos mais desafiadores em sua implementação. Mudar a forma como você age, quando ela não está de acordo com aquilo que deseja conquistar, é essencial para que você não se frustre em suas decisões. Nosso cérebro cria atalhos para facilitar a nossa vida e poupar energia. Por causa disso, desenvolvemos hábitos, que são formas de tomarmos decisões automáticas nas quais não há necessidade de pensarmos antes de agir. Trata-se de maravilhosas ferramentas para nos ajudar a economizar tempo e energia, mas, ao mesmo tempo, também correm o risco de nos atrapalhar, pois nem todas as decisões podem ser tomadas automaticamente ou por impulso. E, com relação ao dinheiro, frequentemente agimos mais pelo lado emocional do que de forma racional. Daí a importância de estarmos conscientes e termos clareza do que precisa ser feito, para agirmos de forma a nos aproximar da conquista de nossos objetivos.

Durante todos esses anos, entendi o quanto viajar é essencial para mim e aprendi que posso fazer pequenas viagens ao longo do ano que alimentam minha alma, nas quais conheço outros modos de viver, saio da minha bolha e consigo expandir minha mente e meus horizontes. Assim, quero compartilhar algumas boas práticas para que você também possa desfrutar mais de seus momentos de lazer, tendo controle do seu orçamento e mantendo sua consciência tranquila.

- Crie um fundo para viagens. Mesmo se não tiver viagens programadas, abasteça esse fundo. Defina uma porcentagem da sua renda mensal e, assim que receber seu salário, destine esse valor para o fundo.

- Faça listas e abuse de *sites* para planejar viagens. Você saberá as melhores épocas do ano para viajar, promoções e opiniões. Tudo isso vai ajudá-lo a conhecer as opções e tornará mais fácil seu planejamento.

- Reduza gastos desnecessários. Você não precisa parar de pedir *delivery* para sempre, mas evite fazer isso só por estar com preguiça de cozinhar. Lembre-se sempre do seu "porquê".

- Aproveite as vantagens do seu cartão de crédito. A maioria das pessoas não as conhece.

- E me acompanhe nas redes sociais. Além de compartilhar muito conteúdo de finanças, posto bastante sobre minhas viagens e espero poder inspirá-lo.

Dinheiro nada mais é que uma ferramenta para a conquista da liberdade, independentemente do que isso signifique para você.

Sarah Botelho

Taissa Gama

Sou Taissa Gama, formada em Ciências Sociais e pós-graduada em Administração. Minha jornada profissional me levou a explorar o complexo mundo das finanças. Ao longo do tempo, me tornei consultora, mentora e educadora financeira. Minha carreira é uma mescla de experiências que me permitiram compreender como a relação entre as pessoas e o dinheiro é intrincada.

Com a Sociologia, desenvolvi uma compreensão profunda das dinâmicas sociais e culturais que influenciam nossas decisões financeiras. Já a pós em Administração me proporcionou a base teórica e prática necessária para entender os princípios e as estratégias que sustentam a gestão financeira eficaz.

Como consultora financeira licenciada nos EUA, estou comprometida em ajudar as pessoas a tomarem decisões informadas e inteligentes sobre seu dinheiro. Acredito que todos podem aprender a gerenciar suas finanças com sucesso, independentemente de sua situação financeira.

taissagama

DINHEIRO inteligente

26 CRENÇAS COMPORTAMENTAIS FINANCEIRAS

Por Taissa Gama

Vivemos em um mundo no qual todas as experiências podem ter lados opostos. O rico e o pobre, a escassez e a abundância, a direita e a esquerda. No universo financeiro, não é diferente. E é a partir dessas questões que utilizaremos as melhores ferramentas para encontrarmos o lado em que realmente queremos viver.

Vamos começar identificando quem é você, hoje. Juntos, trabalharemos para fazer de você a pessoa certa, no momento certo e no lugar certo! Deixarei aqui algumas perguntas que vão ajudá-lo a identificar quem você é, hoje. Você acredita no seu potencial? Quais são os seus hábitos? Quais são seus pensamentos? Você acredita que merece e é capaz de viver uma vida plena e de abundância? Como você se comporta diante das dificuldades, dos medos e das inconveniências? Identificar tudo isso será determinante para que você alcance o sucesso.

Sabemos que tudo o que atraímos com nossas energias e crenças será determinante para o nosso sucesso ou fracasso. Por isso, comece aumentando a vibração da sua energia e verá as pessoas se conectarem e serem atraídas por você. Vai perceber, também, que sua conta bancária e seus negócios vão começar a crescer. Além disso, novas oportunidades vão começar a surgir como um passe de mágica em sua vida.

Você deve estar se perguntando por que identificar essas características é tão importante. Eu vou lhe explicar: você já deve ter ouvido falar de pessoas que ganharam na loteria e perderam tudo; de pessoas que tiveram uma excelente oportunidade financeira ou profissional e não conseguiram se manter financeiramente saudáveis. Consequentemente, também ouviu que essas pessoas não têm sorte na vida, ou que seus parceiros de *business* não foram bons o suficiente. Mas, na verdade, a realidade é outra. Quando você não está preparado para viver em abundância, nada será permanente, nada vai se manter real na sua vida. Os obstáculos serão ainda maiores. Sabe por que essas pessoas não têm dinheiro ou perdem tudo? Porque seus hábitos, sua energia e suas crenças não estão de acordo com as novas perspectivas e a realidade que chegaram até elas.

Tais pessoas que não conseguem ter liberdade financeira não descobrem seu potencial devido ao seu DNA da riqueza, que trazem no seu HD da vida. Essas pessoas pensam nas suas vidas de modo superficial, como: "O que eu ganho paga as minhas contas, e eu tenho uma vida confortável". Isso é uma forma de viver superficialmente. É de tal forma que esse tipo de pessoa pensa e é, se não houver uma mudança comportamental brusca.

Vou dar um exemplo do outro lado da moeda. As pessoas que têm mentes e hábitos milionários podem perder tudo, mas, em um curto período, elas voltam a ser milionárias. Sabe por que isso acontece? Porque, com certeza, essas pessoas têm hábitos milionários de pensar e agir. Elas têm no seu HD da vida, no seu DNA da riqueza, hábitos e crenças compatíveis com os das pessoas ricas e milionárias. Você consegue ver Mark Zuckerberg sendo milionário? Você pode até conseguir imaginar isso, mas ele não conseguiria se ver menos do que bilionário. Essa é a mente bilionária: ele vai estar sempre na roda dos bilhões, pois é lá que a mente dele trabalha.

Para mudar o seu resultado, você precisa mudar seus hábitos. Para transformar o que é visível aos olhos, você deve transformar, primeiro, o que é invisível. Muitas pessoas não acreditam no que não é visível aos olhos; por isso, não acreditam que os pensamentos podem atrair aquilo que a gente vibra. Eu costumo perguntar a essas pessoas se elas usam controle remoto na TV da casa delas. Elas geralmente se calam e, poucos segundos depois, respondem encabuladas que sim. Depois disso, elas não têm como dizer que não acreditam no invisível. O controle remoto é visível, mas o que faz com que ele funcione é invisível. Com esse exemplo, a pessoa percebe que o invisível cria o que é visível.

Quem não acredita nisso tem e terá uma vida cheia de obstáculos. Quem acredita, com certeza, tem a vida mais leve, pois deixa que o universo coloque as coisas em seus devidos lugares. Nós precisamos saber receber do universo o que ele tem para nos oferecer. Por isso, nunca feche o campo de ação do universo. Quero que acredite que, se você e o universo trabalharem juntos, terá sucesso garantido em todas as áreas de sua vida.

Agora que já expliquei como funcionam a causa e o efeito nas nossas vidas, você não vai mais dizer que a falta de dinheiro é um problema; você saberá que falta de dinheiro é o que está por baixo dos seus hábitos e pensamentos, é o efeito externo do seu mundo interior. Novamente, vou lhe mostrar como isso funciona. Nossos pensamentos são transformados em sentimentos. Os sentimentos vão gerar ações e as ações vão gerar resultados. Essa combinação vai dar origem à sua realidade, numa equação mais que perfeita. E se, por acaso, é a sua realidade financeira que você quer mudar, essa reprogramação vai modificar o rumo da sua vida financeira. Os pensamentos que vêm do arquivo de informações que você traz na sua mente e no seu HD interno vão ser transformado em arquivos criados por você, agora. Neste momento, o seu passado está determinando todos os pensamentos que surgem em sua mente. Refazer essa programação é o início para a mudança de seus resultados.

A gente cresce ouvindo e repetindo crenças limitantes, como: "Guarde seu dinheiro para uma necessidade"; "Essa pessoa ficou rica porque roubou"; "Você tem que trabalhar duro para ter dinheiro"; "As pessoas ricas ganham dinheiro com o suor do pobre"; "Você tem que escolher entre sua espiritualidade e o dinheiro"; "Faça um concurso público e garanta o seu dinheiro no final do mês, além de sua aposentadoria". Com todas essas crenças em nosso arquivo mental, só podemos ter em mente que ser rico é algo para poucos, como criminosos, por exemplo. Ou seja, não é uma coisa boa ser rico.

As pessoas que cresceram ouvindo que dinheiro é um problema ou que o sucesso não dá paz a ninguém podem até atingir independência financeira e sucesso, mas não serão felizes. Sabe por quê? Porque a referência que elas tiveram de dinheiro e sucesso é de desarmonia. Para essas pessoas, dinheiro e sucesso sempre caminharam ao lado de coisas ruins. Eventualmente, essas pessoas perderão tudo, sabotando seu próprio sucesso, de alguma forma. Elas não podem resolver esses problemas que estão marcados no seu DNA apenas com dinheiro: precisam reprogramar sua mente e seu comportamento.

Tudo o que você ouviu na infância a respeito de dinheiro e de pessoas ricas chamamos de crenças limitantes. E tais crenças precisam ser eliminadas a partir do momento que você consegue identificar como elas refletiram e refletem na sua vida financeira e pessoal. Hoje, isso faz parte de você devido ao que aprendeu até aqui. A partir de agora, você precisa enxergar que pode ser diferente após uma reprogramação mental.

Falaremos mais um pouco sobre como a questão comportamental influencia a sua vida financeira. Se você sempre ouviu que precisava juntar dinheiro para emergências, o que acha que sempre vai ter? Emergências. Já falamos a respeito disso, mas vamos, a partir de agora, mudar radicalmente e pensar que você vai juntar dinheiro para um projeto legal ou destinar algum montante para uma viagem inesquecível. Pode ter certeza de que, com essa reprogramação mental, o propósito que você der ao seu dinheiro vai acontecer.

Quando você consegue identificar de onde e quando vêm seus pensamentos, é mais fácil reprogramar o que pensa e o que, consequentemente, criará na sua vida. Uma vez que sua mente é reprogramada, você pode decidir o que fica no seu arquivo e o que descarta dele, bem como o que você é hoje e o que quer ser amanhã.

Agora, deve ter ficado clara aquela sequência que apresentei a você: a condição do seu subconsciente determina seus pensamentos, seus pensamentos determinam suas decisões e suas decisões determinam as ações que, eventualmente, vão determinar sua saúde financeira.

Na infância, somos moldados pelo que aprendemos e vivenciamos. Um exemplo disso é a quantidade de jovens que seguem as carreiras dos seus pais. Vou dar um exemplo pessoal: uma vez, meu marido me perguntou por que eu tinha a necessidade de arrumar a cama esticando tanto o lençol, de modo que ficasse sem vincos, e por que eu tinha tanto prazer em também desfazer a cama para me deitar, na hora de dormir. Essa pergunta me trouxe uma recordação com cheiro de casa de vó. Minha avó materna fazia exatamente dessa forma a sua cama. Ela era um exemplo para mim, e uma das suas marcas era a sua cama. Ou seja: a gente tende a ser igual ou ter pontos em comum com quem nos cria ou com quem é referência para nós. Repetimos ou aprendemos com nossas referências da infância e juventude nossos hábitos e programações. Contei tudo isso para mostrar a vocês como nossas referências podem direcionar nossas vidas.

Qual seria a sua motivação para ter sucesso e dinheiro? Se são seus medos, eles podem servir para frear suas atitudes ou para impulsioná-lo. O medo termina sendo um hábito. Cabe a você determinar para que caminho esse hábito o levará.

Nunca deixe que crenças limitantes parem você! Você é uma pessoa saudável, aberta para receber toda a abundância que o universo lhe reserva. Então, comece por esse caminho.

Se você acredita que é rico e abundante, vai validar a riqueza e a abundância que está atraindo para si mesmo. A partir de agora, sua crença é ser rico. A partir de agora, isso está escrito no seu DNA, no seu arquivo, no seu HD, sobre o qual falamos anteriormente. Sua programação passada não reflete mais sua vida exterior. Um novo arquivo foi implantado no seu HD.

Se você acredita que é rico e abundante, irá validar o DNA da riqueza que está em você!

Taissa Gama

Tamires Bettoni

Sou Tamires Bettoni, casada com Rafael e mãe de Pedro, Lara e Felipe. Atuo como corretora de seguros, educadora e mentora financeira.

Apaixonada por pessoas desde sempre, identifiquei que minha verdadeira vocação era trabalhar com atendimento ao público, e a área comercial me proporcionou isso lindamente. Com mais de uma década de experiência nesse setor, decidi, aos 32 anos, empreender e abrir minha corretora de seguros, em parceria com uma seguradora americana. Passados quase dois anos, vi que podia ir além e ser a mão que conduz meu cliente no caminho para trilhar sua vida financeira com prosperidade e mudar sua relação com o dinheiro. Além disso, mais do que vender um seguro ou uma previdência, trabalho para buscar sempre soluções que fazem sentido para o planejamento financeiro da minha clientela.

tamibettoni

+55 (41) 98419-2774

tamires.bettoni@consultoriatb.com

DINHEIRO *inteligente*

27 A IMPORTÂNCIA DO SEGURO E DA PREVIDÊNCIA NA ESTABILIDADE FINANCEIRA

Por Tamires Bettoni

Uma das principais certezas que temos em nossas vidas são as incertezas dos imprevistos. Quando crianças, sonhamos em crescer, ter uma vida próspera e realizar nossos sonhos. Quando crescemos, trabalhamos com afinco para garantir uma vida confortável e buscar estabilidade financeira. Enquanto estamos nessa busca, ou quando simplesmente chegamos lá, muitas vezes, não damos importância à proteção financeira que os seguros de vida proporcionam. Tampouco pensamos em uma boa previdência privada para a nossa terceira idade.

Muitos colegas de profissão acreditam que isso ocorre por falta de informação, mas eu realmente acredito que isso se deve a duas heurísticas, ou seja, regras gerais. Em primeiro lugar, somos otimistas demais e temos, em geral, excesso de confiança. No livro intitulado *Nudge*, Thaler e Sunstein discutem justamente essa questão. Eles também apresentam algumas estatísticas que corroboram tal teoria: cerca de 50% dos casamentos terminam em divórcio; mas, quando está se casando, nenhum casal acredita que fará parte dessa estatística.

Vou além: uma entre cinco pessoas no mundo desenvolve câncer, segundo a OMS. No Brasil, até 2030, podemos ter um aumento de até 42% dos casos. Mas a mesma heurística do otimismo nos mantém longe desses dados e custamos a acreditar que algo possa acontecer conosco. Temos dificuldade até mesmo de crer que, se alguma coisa acontecer, causará consequências negativas à nossa estabilidade financeira. Para esse segundo ponto, temos a heurística da disponibilidade. Tendemos a nos preocupar com o que está próximo de nós. Um exemplo muito claro disso ocorreu na pandemia, quando tivemos um aumento significativo na procura por seguros de vida. Isso aconteceu porque a disponibilidade das informações sobre os casos e as mortes das pessoas estava alta. Até mesmo, infelizmente, perdemos amigos e entes queridos para o coronavírus.

Mas a principal questão não é apenas: "Por que muitas pessoas não têm um bom seguro de vida?". Ela pode ser: "Por que as pessoas arriscam entrar na estatística dos 99% de aposentados que não conseguem arcar com seus próprios custos, já que apenas 6% dos brasileiros têm essa ferramenta de planejamento?". Nossa vida financeira não é um caminho reto, cujo fim conseguimos enxergar. Pelo contrário, é uma trilha cheia de curvas, em que não ter um mapa pode levar a atalhos nada legais. Sem seguros, a jornada financeira é como uma caminhada às cegas.

Vamos conhecer, agora, a história de João, um personagem fictício, mas que já fez parte de muitas trajetórias.

Na trilha da incerteza: João, que confiava demais em seus investimentos e propriedades, esnobou os seguros. Achava que não precisava de um, já que seu patrimônio era sua proteção. Uma reviravolta inesperada transformou sua vida em um labirinto financeiro, mostrando que a vida gosta de surpreender.

Sem guarda-chuva financeiro: a falta de seguro deixou João à mercê de despesas inesperadas, forçando-o a tomar decisões apressadas. Assim, um momento delicado acabou mostrando que um guarda-chuva financeiro faz falta quando a chuva aperta. Seguros são como faróis iluminando o caminho em um túnel escuro. Para João, um bom plano de saúde, por exemplo, teria sido como um GPS financeiro. Além disso, não queremos torrar com uma tristeza nosso melhor dinheiro, aquele que conquistamos com muito trabalho e dedicação. Por isso, é inteligente que façamos uma gestão de risco eficiente com bons seguros de vida, habitacionais e automotivos, para evitar tropeços em obstáculos desconhecidos. Do seguro de vida ao de renda, cada escolha é um desvio calculado, contribuindo para uma caminhada financeira equilibrada. Diversificar os seguros é como experimentar caminhos diferentes, adaptando-se a cada surpresa na trilha.

Não posso deixar de mencionar meu primeiro pagamento de sinistro. Uma cliente, que acabou se tornando amiga, em nossa primeira conversa, me contou sobre sua preocupação com uma doença grave, como o câncer. Passados três meses da contratação do seguro, ela descobriu um câncer de mama. E foi justamente o seguro contratado que fez com que ela mantivesse sua estabilidade financeira em um momento tão difícil. Sendo uma trabalhadora CLT, se afastou do serviço por seis meses, para realizar seu tratamento, o que diminuiu seu salário em mais de 50%. Não me esqueço da minha emoção e alegria em ser o suporte financeiro para ela naquele momento.

Sobre a previdência privada, confesso que, quando entrei para o mercado securitário, tinha minhas dúvidas em relação à ferramenta, a ser utilizada no planejamento financeiro. Pensava assim porque, à época, meu conhecimento se limitava a previdências mal geridas, no geral, pelos "bancões". Estes acumulavam altas taxas administrativas, comendo a rentabilidade liquida do investidor. Mas eu sabia que o melhor momento para iniciar o planejamento da aposentadoria é ontem. Se você ainda não o fez, hoje é o melhor dia! Contratamos os seguros, pois não sabemos como será o amanhã. O planejamento da aposentadoria fazemos porque o amanhã pode chegar; e, quando chegar, buscamos ali a tranquilidade de uma aposentadoria tranquila.

O quanto antes iniciamos o efeito bola de neve, potencializamos os nossos aportes com a mágica dos juros compostos, proporcionando menos esforço e mais resultados. Foi então que, adentrando o mundo das previdências privadas, conheci gestores sérios que trabalham em prol do cliente e que buscam garantir resultados em longo prazo nas suas carteiras. Além de oferecer grandes vantagens tributárias, a previdência privada é uma estratégia de diversificação. Mesmo que você já tenha outras jogadas, ela é um caminho confiável. Converso com muitas pessoas cujos planos de aposentadoria são seus próprios negócios, ou, então, apenas sua contribuição para o INSS. Mas, se os planos iniciais fracassarem por algum motivo, ter uma previdência é como deitar em um colchão macio no final do dia, o plano B, a diversificação necessária para curtir uma aposentadoria tranquila.

Além disso, todos sabemos que existe um teto para o pagamento mensal da previdência social que, muitas vezes, não comporta o padrão de vida já adquirido pelo contribuinte. Conheci muitas pessoas, e você também já deve ter conhecido, que, mesmo com a aposentadoria do INSS liberada, precisaram continuar trabalhando, pois sua renda mensal não era suficiente. É exatamente isso que não queremos em nossa velhice, certo? Um dos superpoderes da previdência privada está, justamente, no longo prazo. Fiz um planejamento recentemente para um cliente. Veja como ficou:

Idade atual: 34 anos
Objetivo de aposentadoria: 65 anos
Contribuição mensal: R$ 500,00 ao mês
Reserva acumulada: R$ 1.048.44,63
Renda mensal projetada: R$ 4.300,00

Agora, se ele tivesse começado esse planejamento logo no início da sua fase produtiva, aos 18 anos, teríamos mudanças expressivas. Por exemplo:

Idade atual: 18 anos
Objetivo de aposentadoria: 65 anos
Contribuição mensal: R$ 500,00 ao mês
Reserva acumulada: R$ 4.580.407,32
Renda Mensal projetada: R$ 19.085,03

Outra análise desses cenários é que, para chegar à mesma renda mensal projetada, um adulto que começa sua previdência privada aos 18 anos teria que poupar apenas R$ 120,00 todos os meses. Trata-se de um valor totalmente acessível e viável. Porém, eis a pergunta de milhões: por que não o fizemos? Também, por que ainda pensamos que não é necessário esse planejamento de longo prazo?

Por isso, meu caro leitor, devo ressaltar a importância de contar com essas ferramentas financeiras para buscar estabilidade financeira: tanto para os imprevistos da vida quanto para o futuro. As crenças que temos, muitas vezes, nos fazem pensar que devemos viver como se o amanhã não existisse. Mas eu lhe pergunto: e se ele existir? E se o otimismo exagerado fizer de você uma vítima e você não se proteger para o amanhã, o que também não pode acontecer? Por isso, um dos pensamentos que mais amo do meu primeiro mentor, Gustavo Cerbasi, é o de que devemos viver o dia de hoje como se o amanhã não existisse e gastar como se fôssemos viver por mil anos. No fim, o que conta, tanto na vida financeira quanto em nossas decisões pessoais, é o equilíbrio. E o equilíbrio a gente conquista com inteligência e estratégia.

Caro leitor, a vida financeira é como uma trilha com muitos caminhos. Vamos caminhar com seguros, nos mantendo protegidos, e construir um escudo com a previdência para um futuro repleto de resiliência. Que a sua jornada seja uma aventura que resista aos altos e baixos. Afinal, na trilha da vida é bom ter as ferramentas certas para cada desvio!

Caminhando com bons seguros e construindo uma boa previdência na trilha da vida financeira, você não se encontrará em um beco sem saída.

Tamires Bettoni

Thaís Lemos

Eu me chamo Thaís Lemos, nasci em Maringá (PR) e moro em Florianópolis (SC), com meu esposo e minhas filhas, que são meu alicerce.

Sou mentora e *coach* financeira de mulheres desde 2018 e atuo com comportamento financeiro. Saber lidar com o dinheiro em todas as suas fases garante uma vida de escolhas e infinitas possibilidades. Também sou palestrante, treinadora, escritora e contribuo com pílulas de conhecimento semanalmente em grupos fechados no WhatsApp.

Minha vida passou por momentos de recursos escassos e mentalidade limitada. Tive que mudar minha maneira de lidar com o dinheiro e, a partir daí, entendi que poderia, por meio da minha experiência, ajudar outras mulheres. Eu me dediquei a descomplicar a relação delas com o dinheiro através de cursos e mentorias.

descomplicandoodinheiro

+55 (48) 98879-3070

Thaís Lemos

thaislemos.descomplica@gmail.com

DINHEIRO *inteligente*

28 CRESCIMENTO PROFISSIONAL E FINANCEIRO: UM EQUILÍBRIO CRUCIAL

Por Thaís Lemos

Falar de crescimento profissional e financeiro é desafiador. Precisamos, primeiramente, olhar para nós mesmos como pessoas, antes de profissionais. Temos tantos sonhos, ambições, desejos e expectativas. Afinal, quando escolhemos nossas profissões ansiamos por contribuir com o mundo e ganhar dinheiro com essa atividade. Hoje, sou *coach* financeira, faço atendimentos individuais e em grupo, além de treinamentos, cursos e palestras. Mas não foi sempre assim. Em 2014, vivia o momento financeiro e emocional mais crítico da minha vida. E é essa história que vou contar a você agora.

Nessa época, já era casada e mãe de duas filhas. A mais nova, aos 8 meses, começou a apresentar problemas respiratórios e, depois, motores. Nossa família precisava se dividir entre terapias, consultas, seguir o horário das medicações e ter cuidados diários. Eu ministrava aulas em três escolas diferentes – de Inglês e Ciências – e fazia doces e bolos para vender, mas não conseguia produzir dinheiro suficiente para cuidar da minha filha como deveria. Tinha sono escasso e cansaço extremo. Fazia todo o esforço possível e parecia não sair do lugar, não avançar.

Então, tive a conversa mais sincera da minha vida: olhei para mim mesma no espelho e disse: "a partir de hoje, decido que não vou mais contar moedas para comprar o básico, e não mais privarei minha família de nada por minha carreira profissional meia-boca. Vou fazer o que for necessário para crescer profissionalmente e ganhar mais". Logo, pedi demissão das escolas e empreendi por um período, fazendo doces e bolos, o que me permitiu estar perto das minhas filhas e produzir mais. Após erros e acertos empreendendo de forma despreparada e intuitiva, quebrei. Fiquei absolutamente sem recursos e voltei ao mercado em busca de uma colocação.

Em pouco tempo, comecei a trabalhar no modelo CLT novamente.

Iniciei no setor financeiro e pude observar como uma empresa funciona por dentro. Que preocupações financeiras ela tem? Como cuida do dinheiro? Que preparo a empresa precisa ter para reinvestir em si mesma? Como ela se prepara para pagar férias e 13º salário? O que faz para não ficar no vermelho? Com todas essas perguntas em mente, comecei a estudar mais a respeito do assunto, assistir a vídeos na internet, ler e entender cada vez mais sobre isso. Então, apliquei o mesmo raciocínio na minha vida pessoal.

Quero compartilhar com você como consegui transformar minha vida, alcançando o crescimento pessoal, profissional e financeiro que tanto almejava. Quando comecei a observar o fluxo financeiro da empresa, vi que minhas finanças não tinham gestão alguma. Boa parte da renda de nossa família custeava o tratamento e os medicamentos da minha filha. Outro fator importante que percebi é que eu falava pouco ou quase nada sobre dinheiro e planejamento com meu esposo. Esse assunto não estava presente em nossas vidas; quando surgia, era de forma negativa. O primeiro passo foi falar mais sobre dinheiro e organizar nossa rotina financeira, o que representou uma primeira etapa da transformação. Descobrir o quanto estava sendo gasto em cada área da vida (com moradia, saúde, alimentação, transporte, lazer e capacitação profissional) foi surpreendente. Pude me deparar com a realidade. Era necessário delimitar os gastos em cada área e fazer sobrar dinheiro, ou seja: equilibrar gastos.

Após essa análise, percebi que várias partes importantes das nossas vidas tinham sido esquecidas. Estávamos sempre correndo, trabalhando, mas nunca chegávamos até o final do mês com saldo. Não importava o quanto a gente se esforçasse e trabalhasse, o resultado era o mesmo – fim do mês no vermelho, o que era extremamente frustrante. Corríamos atrás do dinheiro, mas não fazíamos nada para que ele viesse até nós. A ideia de investir primeiro para ter retorno depois era desconhecida para mim.

Num segundo momento, ficou claro que a quantidade de dinheiro que fazíamos todos os meses não era suficiente. Só consegui entender isso porque traçamos planos. Organizar as finanças e planejar nos mostrou um cenário até então inexplorado. A pergunta que ecoava era: como fazer mais dinheiro? Eu precisava ampliar minha atuação e construir novas possibilidades. Decidi mergulhar fundo em todo conhecimento disponível sobre finanças e pessoas. Li vários livros, fiz cursos gratuitos, aulas no YouTube... Consegui realizar formações que me possibilitaram desenvolver inteligência emocional e habilidades técnicas para alcançar níveis mais altos.

No terceiro momento, o salário aumentou e eu comecei a perceber que a dedicação em adquirir conhecimento de forma intencional estava gerando retorno financeiro. Servir primeiro, fazer parcerias e *networking* me ajudou muito a chegar até aqui. Quanto mais conhecimento eu adquiria, problemas mais complexos eu resolvia, e mais valioso meu trabalho se tornava. Foi quando entendi que havia várias maneiras de obter conhecimento e crescer profissionalmente.

Aprender sobre gestão financeira e pessoas era o que me fazia feliz, com a sensação de coração quentinho. Isso ficou ainda mais frequente em minha atuação profissional. E a dedicação, o empenho, o investimento de tempo e dinheiro para crescer como profissional e me desenvolver fizeram tudo ficar mais fluido. O "não saber" me despertava um incômodo enorme. A sede de ampliar o conhecimento, buscar soluções e tirar o foco dos problemas faz total diferença no desenvolvimento pessoal. Colocar o foco na solução é o que promove crescimento.

Ao longo do tempo, nossos primeiros planos familiares foram se realizando, e ganhamos força para sonhar de forma mais audaciosa. Minha filha já não precisava mais de cuidados médicos. Minha paixão pelas finanças pessoais era tão nítida que amigos e colegas começaram a me perguntar como eu conseguia me planejar e realizar viagens, trocar de carros, ter acesso a cursos. Passei a lhes dar dicas sobre finanças, explicando a respeito de gestão do dinheiro familiar. Então, resolvi montar minha primeira turma para descomplicar o dinheiro.

Ousar empreender novamente e ministrar um curso em 2018 foi um baita desafio. Amigas queridas participaram da primeira turma para me mostrar como eu poderia melhorar. Já havia lecionado para crianças e adolescentes, mas falar sobre dinheiro, planejamento e desejos para o futuro me dava um baita frio na barriga. Estava lidando com os sonhos das pessoas e com a realidade de números desafiadores e anseios pessoais. Ao mesmo tempo, me senti feliz, motivada e com vontade de fazer cada vez mais e melhor. Os passos que dei para consertar minha própria vida se tornaram minha nova profissão: educadora e *coach* financeira.

Não há como mergulhar no mundo do dinheiro sem entender sobre pessoas. O comportamento humano é fascinante. Mas, quando envolvemos na equação o dinheiro, descobrimos muitas sobre as pessoas. Para isso, fui estudar ainda mais! Fiz algumas formações como *coach*, analista comportamental, li muitos livros e participei de congressos. Durante esse período, iniciei os atendimentos individuais, a fim de trabalhar pontualmente o que era importante para cada indivíduo. Eu me identifiquei com o atendimento de mulheres: sua força e vontade de fazer acontecer (assim como eu) moviam todas as suas ações. E minhas clientes, não por coincidência, eram mulheres.

Todas as pessoas que passaram por mim me ensinaram! A vivência é algo sensacional! E a paixão por números e pessoas move todos os meus esforços em aprender mais, conhecer mais e querer ir além. Analisando a minha jornada de crescimento profissional e financeiro, não há como negar que a busca incessante pelo conhecimento é algo fundamental.

Quando olho para trás, percebo que ter dado esses passos foi transformador na minha vida. Olhar para o dinheiro e como ele era tratado na minha família foi fundamental. Usar o conhecimento que a gestão financeira empresarial me deu e aplicá-la no planejamento financeiro pessoal representou um divisor de águas. Entre erros e acertos, o balanço foi muito positivo. Identificar o que me motiva também foi uma descoberta interessante e que aconteceu de forma natural. Mas tenho uma observação: no começo, decidi que faria diferente e que daria certo profissionalmente. Assim, busquei meios para pôr em prática essa decisão e identificar o que me motivava foi essencial na minha escolha.

Dediquei- me, também, a desenvolver a escuta ativa. Em qualquer área que você atue, entender a pessoa que vai ajudar e os problemas que resolve é fundamental. Quanto mais rápido e assertivo você for na resolução, mais ganha e seu patrimônio aumenta. O crescimento profissional e financeiro passa a ser exponencial.

Portanto, meu convite é sugerir que você olhe para sua história e sua vida, com foco nestes três passos:

1) Suas finanças estão organizadas? Você fala sobre dinheiro em casa? Vocês fazem planos? Tenha mais autoconhecimento.

2) Para aumentar sua renda, quais habilidades você precisa desenvolver? O dinheiro que você não faz está no conhecimento que você ainda não tem.

3) Comece mesmo não estando 100% pronto. Ensine o que você está aprendendo, chame pessoas para validar seu método e sua forma de entrega. Esteja aberto a ouvir pontos de melhorias.

O último ponto é a decisão. Crescer profissional e financeiramente precisa ser uma escolha. Haverá momentos muito desafiadores, em que você pode pensar em desistir de seus projetos. Mas, se você decidir fazer dar certo, não há plano B, basta trabalhar no plano A até ele dar frutos. Viva os processos de aprendizagem. Amadureça como pessoa e profissional. E, então, continue sua evolução até o fim da vida, assim como eu farei.

Você está pronto para iniciar seu processo de crescimento pessoal e profissional?

O ‘não saber’ me desperta um incômodo enorme. Tirar o foco dos problemas e colocar na solução fez total diferença na minha vida profissional.

Thaís Lemos

Wesley Oliveira

Eu me chamo Wesley Oliveira, sou pai do Mateus e esposo da Klaryssa Gurgel. Dentre meus principais valores, estão a família e o desenvolvimento contínuo. Focado e resiliente, adoro me conectar com pessoas. Sou professor licenciado em Física pelo IFRN e mestre e doutor em Ensino de Ciências e Matemática pela UFRN. Autor de artigos, coautor de capítulos de livros e palestrante. Em 2020, iniciei meus estudos em educação financeira e me apaixonei pelo mundo dos investimentos. Em 2021, me tornei treinador financeiro e mentor de investimentos. Hoje, ajudo empresários e empreendedores a terem mais segurança financeira, tempo de qualidade e liberdade de escolha por meio de investimentos diversificados, tanto no Brasil quanto no exterior.

wesleyoliveira_financas

+55 (84) 9981-99177

DINHEIRO
inteligente

29 ECONOMIA PARA O FUTURO: CONSTRUINDO O HÁBITO DE INVESTIR

Por Wesley Oliveira

Sou natalense, filho da dona Nires e do sr. Wilson. Minha mãe, durante muito tempo, foi "do lar", mas começou a empreender há cinco anos, por incentivo meu. Já meu pai, eletrotécnico, trabalhou por mais de trinta anos numa empresa de distribuição de energia, aqui no Rio Grande do Norte. Ambos, mesmo diante dos inúmeros desafios, deram a mim, ao meu irmão Wisley e à minha irmã Nathália o acesso às melhores escolas que podiam. Além desse incentivo ao nosso desenvolvimento contínuo, construíram conosco o mais importante de todos os valores: o da família. Longe de mim querer transmitir aqui a imagem de família perfeita, pois somos pessoas reais como você. E, do mesmo modo que para a maioria dos brasileiros, os desafios financeiros estiveram dentre os nossos principais. Meus pais não receberam educação financeira; logo, não me ensinaram sobre o assunto. Também não tive acesso a esse conhecimento na Educação Básica, nem no Ensino Superior.

A falta da educação financeira não permeou apenas a minha infância e adolescência. Ela se estendeu também para a minha vida adulta. Para ter uma ideia, tal fato impactou significativamente meu casamento durante quase dez anos. Mesmo tendo assumido um concurso público federal em 2010, um concurso público estadual em 2011, aberto a minha primeira empresa em 2018 e outras duas em 2019, o máximo que consegui foi ficar no famoso "zero a zero". Há alguns anos, era difícil, mas, hoje, não tenho mais vergonha de falar desse período de resultados financeiros negativos.

Você deve imaginar as consequências desses resultados. Como muitos servidores públicos no nosso país, comecei a fazer consignados entre 2010 e 2013, o que comprometeu significativamente a minha renda. Para piorar, em 2013, caí num golpe de uma pirâmide financeira, me endividei no cartão de crédito e tive o nome negativado. Tinha uma vida de escassez e estresse. Para tentar sair dessa situação, comecei a trabalhar mais, fiz mestrado (2013) e doutorado (2019) para aumentar meu salário. Também, comecei a empreender nas três empresas que citei. Acreditava que ganhar mais seria a solução, mas estava enganado. Na verdade, eu precisava mudar rapidamente os meus hábitos e a minha relação com o dinheiro, pois eles definiriam o meu futuro.

Como descrevi acima, enfrentei os principais desafios financeiros da minha vida entre 2010 e 2019. Nesse período, apesar de ter aumentado a minha renda quatro ou cinco vezes, isso foi insuficiente. Sofri muito tentando fazer tudo sozinho, sem conhecimento, direcionamento, método e, principalmente, sem mentores.

A grande virada de chave ocorreu em 2020, quando compreendi que a riqueza é treinável. Comecei a estudar educação financeira, fiz uma especialização na área, contratei mentores, transformei minha vida financeira e me apaixonei pelo mundo dos investimentos, no Brasil e no exterior. Foi a partir de então que tomei a decisão de que uma família rica viria de mim, apesar de eu não ter vindo de uma. A cada mês, me sinto mais seguro e livre ao ver tanto meu patrimônio quanto minha renda passiva crescerem.

Em meio a esse processo de transformação pessoal e familiar, o mais importante foi identificar padrões de comportamento em outras áreas da minha vida que me davam resultados positivos e que poderiam ser transferidos para a área financeira. Foi assim que desenvolvi a Metodologia SPI, composta pelos pilares: **sonhar**, **planejar** e **investir**. Tais pilares vão ajudá-lo a compreender a importância de economizar para o futuro e, mais ainda, de ter o hábito de investir seu dinheiro. Prepare-se para aprender o passo a passo que transformará a sua vida financeira e a da sua família. A partir de agora, esteja pronto para treinar a sua riqueza!

No pilar **sonhar**, ao pensar em enriquecer, você perceberá que a riqueza tem relação primeira com o estado de espírito. A maioria das pessoas comete o erro de achar que, inicialmente, precisa "fazer coisas" para "ter dinheiro", a fim de "ser rica". Na verdade, você precisa se **sentir** rico, para **fazer** o que precisa ser feito e então **ter** dinheiro. Outro aspecto diretamente relacionado ao fato de "ser rico" é ter clareza sobre seus sonhos. Você não terá sucesso no mundo dos investimentos e na construção de riqueza financeira se não tiver algo grandioso, maior do que seus desejos imediatos, pelo qual você fará o que precisa ser feito. Sair do endividamento, ser organizado financeiramente ou se tornar investidor não são sonhos. Esses são passos que podem (ou devem) fazer parte da sua caminhada. Você precisa, ainda, transformar cada sonho em objetivo e ter metas claras. Uma boa meta precisa ser mensurável, específica, alcançável, relevante e ter um tempo para a sua realização. Agora, é sua vez! Não procrastine! Pegue papel e caneta e escreva um sonho que deseja realizar nos próximos doze meses; um outro que deseja realizar em médio prazo (nos próximos cinco anos); e um terceiro que deseja realizar a longo prazo (em mais de cinco anos). Não deixe de transformar esses sonhos em objetivos e de estabelecer metas claras.

No segundo pilar, o passo inicial é buscar conhecimento para fundamentar seu **planejamento**; pois, como dizia Benjamin Franklin: "Investir em conhecimento rende sempre os melhores juros". Existem diversas alternativas, desde livros como este, sobre inteligência financeira, conteúdos gratuitos na internet, até cursos gravados. Mas, falando por experiência própria, investir em mentorias sempre me rendeu os melhores, mais consistentes e mais rápidos resultados. Absolutamente todos os mentores que contratei me geraram retorno sobre o investimento. Diante do conhecimento aprendido e do direcionamento recebido, você entrará na fase de planejar os caminhos a serem percorridos, as etapas que devem ser vencidas e as ações a serem executadas para realizar cada um dos seus sonhos, bem como os da sua família.

Imaginemos, por exemplo, que você tenha o sonho de viajar com sua família para a Disney. Fazer essa viagem seria muito importante em função das memórias marcantes que seriam criadas em todos vocês. Após analisar, você chega à conclusão de que é possível realizá-la em dois anos e estabelece esse prazo. Depois de pesquisar os custos da viagem, você cria a meta de investir R$ 1.000,00 por mês. Diante disso, escolhe investir num CDB de liquidez diária, com rendimento de 100% do CDI. Percebeu como o conhecimento sobre organização financeira e investimentos o auxiliaria na realização desse sonho?

Imagine agora a sua aposentadoria dos sonhos. Feche os olhos por 30 segundos e visualize a sua vida rica! Certamente, você quer ter uma aposentadoria tranquila, com segurança financeira, mais tempo com a família, mais liberdade de escolha e não depender apenas do INSS. Mas então eu lhe pergunto: você sabe o que precisa fazer para alcançar esse sonho? Como organizar essa jornada? Quais são os investimentos mais adequados para isso? Pois é: assim como você, a maioria dos brasileiros não possui esse conhecimento. Infelizmente, apenas 1% dos aposentados brasileiros conta com independência financeira. Os outros 99% dependem de parentes, de caridade ou são obrigados a continuar trabalhando.

Hoje, é o melhor dia para você começar a planejar seu futuro. E não venha com a desculpa de que não sabe se estará vivo amanhã, pois essa probabilidade é bem grande.

Agora, é sua vez! Não procrastine! Acesse o meu Instagram: @wesleyoliveira_financas e envie uma mensagem dizendo: "Eu quero a aposentadoria dos sonhos". Minha equipe entrará em contato com você para agendar uma sessão on-line, totalmente gratuita, de raio X financeiro. Essa sessão vai ajudá-lo a conhecer sua realidade financeira atual, o seu ponto de partida.

Por fim, o pilar **investir** é decisivo, pois é nele que você precisa sair da teoria para a ação. Nesse momento, você já teria clareza sobre seus sonhos, objetivos e metas. Você também já teria o conhecimento teórico e os direcionamentos do seu mentor para organizar a sua vida financeira, além de escolher os investimentos mais adequados para seus objetivos. Agora, seria a hora de investir os recursos necessários para alcançá-los, sejam eles relacionados ao conhecimento, ao tempo, a finanças etc.

Talvez você esteja se perguntando como construir o hábito de investir. Ou mais: talvez queira saber como identificar o momento em que investir se torna um hábito. De acordo com o livro *O poder do hábito*, todo novo hábito é criado a partir da junção de uma "deixa", uma "rotina", uma "recompensa", e de um "anseio" que movimenta esse *loop*. Pense no exemplo do investidor: quando um investidor recebe uma "deixa" – imaginemos que seu salário ou pró-labore caia na conta –, ele executa a "rotina" de investir, no mínimo, 10% de sua renda. Em seguida, o investidor terá como recompensa o aumento do seu patrimônio e/ou da sua renda passiva. Com o fortalecimento do hábito, ao menor sinal do recebimento do salário ou pró-labore, o cérebro do investidor passa a ansiar pela realização do novo aporte nos seus investimentos e, consequentemente, receber a sua recompensa mais uma vez. Compreender que a riqueza é treinável permite que o hábito de investir seja construído com mais paciência, persistência e consistência.

Após desenvolver a Metodologia SPI e "mapear" como criar o hábito de investir, há pouco mais de três anos sigo no meu propósito de ajudar empresários e empreendedores a realizarem os seus maiores sonhos por meio de investimentos diversificados no mercado financeiro. E você também pode se beneficiar da minha metodologia, assim como aconteceu com quase uma centena de pessoas.

Agora, é sua vez! Não procrastine! Pegue papel e caneta e amplie aquela lista inicial de três sonhos para, no mínimo, nove, dividindo-os em sonhos de curto, médio e longo prazo. Transforme também essa lista num "quadro dos sonhos", utilizando recortes, desenhos e frases que o auxiliem na visualização dos seus objetivos e na criação da imagem do seu futuro. Busque conhecimento, direcionamento e invista para realizar tudo o que deseja. E não se esqueça de curtir o processo!

Compreender que a riqueza é treinável permite que o hábito de investir seja construído com mais paciência, persistência e consistência.

Wesley Oliveira

REFERÊNCIAS BIBLIOGRÁFICAS

Polly Bopp

Agência Brasil. Endividamento atinge 76,6% das famílias brasileiras, mostra CNC. Disponível em: https://agenciabrasil.ebc.com.br/economia/noticia/2023-12/endividamento-atinge-766-das-familias-brasileiras-mostra-cnc. Acesso em: 8 dez. 2023.

CRESCE número de investidores brasileiros em 2022 e perspectiva para 2023 é de novo aumento. **Anbima**. Disponível em: https://www.anbima.com.br/pt_br/noticias/cresce-numero-de-investidores-brasileiros-em-2022-e-perspectiva-para-2023-e-de-novo-aumento.htm Acesso em: 12 dez. 2023.

COMISSÃO DE VALORES MOBILIÁRIOS. Série CVM Comportamental. **Vieses do investidor**. Volume 1. Disponível em: https://www.gov.br/investidor/pt-br. Acesso em: 8 dez. 2023.

FERREIRA, Vera Rita de Mello. **Psicologia econômica**: estudo do comportamento econômico e da tomada de decisão. Sindicato Nacional dos Editores de Livros, RJ. Versão digital. ISBN 978-85352-2770-3.

KAHNEMANN, Daniel. **Rápido e devagar:** duas formas de pensar. São Paulo: Objetiva, 2012.

QUASE a metade dos consumidores não controla gastos de compras parceladas, aponta CNDL/SPC Brasil. **Políticas Públicas 4.0**. Confederação Nacional de Dirigentes Lojistas (CNDL). Disponível em: https://cndl.org.br/politicaspublicas/quase-a-metade-dos-consumidores-nao-controla-gastos-de-compras-parceladas-aponta-cndl-spc-brasil/. Acesso em: 8 dez. 2023.

VELLOSO, Carol. **O guia básico do planejador comportamental**. Disponível em: www.neuroeconomia.com.br. Acesso em: 8 dez. 2023.

WIKIMEDIA. **Códex de viés cognitivo**. Disponível em: https://upload.wikimedia.org/wikipedia/commons/6/65/Cognitive_bias_codex_en.svg. Acesso em: 8 dez. 2023.

52% DOS idosos são os principais responsáveis pelo sustento da casa, revela pesquisa da CNDL/SPC Brasil. **Políticas Públicas 4.0**. Perfil e Vida Profissional Terceira Idade. Confederação Nacional de Dirigentes Lojistas (CNDL). Disponível em: https://cndl.org.br/politicaspublicas/52-dos-idosos-sao-os-principais-responsaveis-pelo-sustento-da-casa-revela-pesquisa-da-cndl-spc-brasil/#:~:text=De%20acordo%20com%20o%20levantamento,trabalhar%20at%C3%A9%20os%2074%20anos. Acesso em: 8 dez. 2023.

ANOTAÇÕES

ANOTAÇÕES

ANOTAÇÕES

ANOTAÇÕES

ANOTAÇÕES

ANOTAÇÕES